未払賃金

立替払制度

<第2版>

実務 ハンドブック

野村　剛司 (著)
独立行政法人労働者健康安全機構
賃金援護部審査課（協力）

一般社団法人　金融財政事情研究会

　未払賃金立替払制度は、企業倒産時に賃金未払いのまま退職を余儀なくされた労働者のためのセーフティネットとして、非常に大きな役割を果たしています。

　本書の初版作成のきっかけは、不正受給事案の発生でしたが、初版の共著者吉田清弘氏（当時独立行政法人労働者健康福祉機構産業保健・賃金援護部次長。その後、労働基準監督官を定年退官）とともに研修会で全国を回る中で出来上がったものでした（詳細は、初版のあとがき（本書255頁以下）参照）。

　初版の発刊から8年を経過し、今回の改訂は、独立行政法人労働者健康安全機構（以下「機構」といいます）賃金援護部に協力依頼し、全面的な協力を得て実現しました。感謝申し上げます。

　本書（第2版）は、不正な請求を防止し、適正迅速な立替払いが実施されるよう、立替払いの各要件・事実確認の方法・証明の際の留意点などを網羅しています（初版は、機構の立場と弁護士の立場の双方から記載していましたが、第2版でもいずれの立場からの記述かわかるように配慮してあります）。証明権者である破産管財人や申立代理人となる弁護士、事務作業を担当する法律事務職員の皆さんにご利用いただくとともに、裁判官、裁判所書記官の皆さんにも制度と実情をご理解いただきたいと思います。また、労働基準監督署の皆さんや社会保険労務士の皆さんにも参考にしていただきたいと思います。さらには、企業の人事・経理担当者、残念ながら勤務先が倒産し、賃金の支給を受けられなかった従業員の方々にとっても、この制度の利用を検討する際の一助となれば幸いです。

　改訂作業にあたっては、賃金援護部次長の石井美佐子氏、元次長で現審査専門員の生長眞人氏、審査班長の嶋﨑秀州氏をはじめとする審査課の皆さんには、情報及び資料の最新化にご協力いただきました。また、初版の共著者吉田氏にもご理解賜りました。皆さんに感謝申し上げます。

　最後になりましたが、今回の改訂を快くお引き受けいただきました一般社団法人金融財政事情研究会及び編集部の柴田翔太郎氏に感謝申し上げます。

令和3年10月

弁護士　野　村　剛　司

立替払いの活用のために本書を（初版）

　法的倒産、特に破産手続の申立代理人、破産管財人にとって、未払賃金の立替払制度との関係の立ち位置がどうかと考えると、大方が、スッキリしないものを感じていたと思われる。この制度の仕組みでは、未払賃金を請求して支払を受けるのは、倒産した事業者でも破産管財人でもなく、個々の労働者であり、破産管財人の役割は、求められて証明書を発行するだけなのであるが、破産管財人として証明するためには未払賃金等が立替払いの要件に該当することおよびその金額がいかほどかを確認する必要があり、そのための作業が未払賃金の請求に必要なことのほぼすべてであるからである。

　しかし、破産管財人には労働者への情報提供の努力義務がある。破産法86条では破産手続に参加するための情報とされているが、財団債権である労働債権についての情報提供がこの努力義務と無縁のものではないことはもちろんである。そうであれば、未払賃金の請求のために破産管財人が情報提供をすることも同様であろう。

　立替払制度についての解説書も存在したが、いずれも支払側からの解説であり、破産管財人ないし申立代理人の視線の加わったものではなかった。本書は、機構でこの業務に精通されている吉田清弘氏と倒産実務の伝道者である野村剛司弁護士の共同作業の成果である。破産管財人（およびその協力者としての申立代理人）が、立替払制度の極めて重要な担い手であることが、本書によってはじめて理解されるのではないかと思われる。

　破産手続において労働債権を適正に充足させるための工夫と未払賃金の請求に破産管財人が協力するための工夫は共通する点もあるが、もともと異なる制度であるためさまざまな相違点があり、実務上で十分に留意を要する点が多い。立替払制度と破産手続の担い手の関係を理解すること、未払賃金の証明と請求の手続を細部にわたってマスターすることを同時に可能とさせるのが本書であり、本書によって立替払制度がよりよく活用できるようになると思われる。是非、本書を机上に置かれるようおすすめする次第である。

平成25年3月

全国倒産処理弁護士ネットワーク

理事長　弁護士　木　内　道　祥

目　　次

第1章　はじめに

第2章　制度の概要

第3章　制度の利用にあたっての留意点

第4章　事業主に係る要件

第5章　労働者に係る要件

第6章　退職日に係る要件

第7章　定期賃金に係る要件

第 1 章

はじめに

Q1 未払賃金立替払制度の利用

未払賃金立替払制度とは、どのような制度でしょうか。
どのような場合に利用できるのでしょうか。

 　　未払賃金立替払制度は、企業の倒産によって毎月の賃金や退職金が支払われないまま退職した労働者に、国が事業主に代わって、未払賃金の8割を立替払いする制度です（退職時の年齢に応じた上限額があります）。

この制度の利用には、

① 勤務していた企業（事業主）が倒産したこと

② 請求者が、労働基準法上の労働者であること

③ 定期賃金、退職金が未払いであること

④ 破産手続開始申立日等の6カ月前の日から2年の間に退職したこと

などの要件を満たしていることが必要です（**Q5**参照）。

特に、「破産手続開始の申立てなどの法律上の倒産手続」や「事実上の倒産に係る労働基準監督署長への認定申請」が行われないままに、退職した日から6カ月が経過してしまうと、この制度による救済が受けられませんので、注意が必要です（**Q31、Q32、Q80**参照）。

また、この制度を利用するためには、上記の各要件や未払賃金額について、「破産管財人等の証明」または「労働基準監督署長の確認」を受ける必要があります（【図表】立替払手続の流れ、【参考】法律上の倒産の場合の証明者）。

この制度は国の制度ですが、立替払事業は、不正受給に関する返還の業務を除き、独立行政法人労働者健康安全機構（以下「機構」という）が実施しています。

具体的には、機構においては、「破産管財人等の証明」又は「労働基準監督署長の確認」を付した立替払請求書の提出を受けて、立替払いの各要件や未払賃金額について、審査（必要に応じて証明者に事実確認の照会などを行います）を行ったうえで、立替払いの支給を決定し、請求者に立替払金を支払います。さらに、立替払いによって代位取得した賃金請求権に基づき、事業主や破産管財人などに、求償を行います。

【図表】立替払手続の流れ

[法律上の倒産の場合]　　　　　　　　　[事実上の倒産の場合]

①倒産事由、未払賃金　　　　①事実上の倒産の
額等の証明申請　　　　　　　認定申請

裁判所
管財人等　　　　　　　　　　立替払
請求者

②証明書交付　　　　　　　②認定通知書交付

③確認申請（未
払賃金額等）

③確認申請
（証明が受けられ
ない事項のみ）

⑤
立替払いの請求
確認通知書添付
（証明書）

労働基準
監督署

労働基準
監督署

④確認通知書交付　　　　　④確認通知書交付

⑥立替払決定　　労働者健康安全機構

⑧送金
（振込依頼）

⑦立替払決定通知

⑨求償

※立替払請求者が利用
できる金融機関
　都市銀行、地方銀行、
　信託銀行、ゆうちょ銀行、
　信用金庫、信用組合、
　労働金庫、農業協同組合

金融機関

⑧口座への
振込み

立替払
請求者

事業主
（または管財人等）

【参考】法律上の倒産の場合の証明者

法律上の倒産の区分	証明者
破　　産	破産管財人
特別清算	清算人
民事再生	再生債務者等 （※「等」は管財人を指す）
会社更生	管財人

Q2　はじめての事業者破産の申立て（申立代理人）

はじめて事業者（法人または個人事業者）の破産申立てを代理することになりました。資金的には労働債権を全額弁済できるかわからない状況にあります。どうしたらよいでしょうか。

A まず、申立代理人となる弁護士の立場として、未払賃金立替払制度が存在することを知ってください。

端的にいえば、対象となる未払いの定期賃金や退職手当の8割（退職時の年齢による上限があります）を機構に立替払いしてもらえるという制度です。労働者のためのセーフティネットとして大きな役割を果たしています。

そして、事業主に係る要件、労働者に係る要件、立替払いの対象となる賃金、立替払いされる額を確認し、本制度を理解しましょう（**Q5**参照）。

その上で、当該破産申立事件において、従業員の解雇にあたり、何をどこまで支給できるか考えてください（**Q14**、**Q15**参照）。

形成できる財産（破産手続開始後の破産財団となる財産です）から解雇時またはその後でも近い将来に、労働債権の全額を支給できる見通しが立たない場合には、未払賃金立替払制度の利用を積極的に検討することになります。

その利用の際、未払賃金の種類、額を破産管財人に証明してもらい、その上で、元従業員が未払賃金立替払請求を行う方式となっていることを理解し、その準備作業として何が必要かを考えましょう（**Q16**参照）。

また、実際に立替払いされるまでには、請求のための準備作業、破産管財人の証明、元従業員の未払賃金の立替払請求書の作成、請求後の機構の審査、立替払決定、立替払金の振込みと一定の期間を要しますので、その点も含め、従業員の解雇の際に十分説明しましょう（**Q64**参照）。

なお、従業員を即時解雇する際は、最後の給料のほかに、解雇予告手当を支給する必要があります。解雇予告手当を支給しないまま有効に解雇したとしても、解雇予告手当は立替払いの対象とならないことに注意しましょう（**Q15**、**Q36**参照）。

Q3 はじめての未払賃金立替払制度の利用（破産管財人）

これまで消費者破産の破産管財人をしたことはありましたが、今般、はじめて事業者（法人または個人事業者）の破産管財人をすることになりました。破産申立書によると労働債権の未払いがあるようで、破産財団から弁済できるかわからない状態ですが、どうしたらよいでしょうか。

A まず、破産管財人となる弁護士の立場として、未払賃金立替払制度があることを知ってください。

端的にいえば、対象となる未払いの定期賃金や退職手当の8割（退職時の年齢による上限があります）を機構に立替払いしてもらえるという制度です。破産財団が不足している場合に、労働者のためのセーフティネットとして大きな役割を果たしています。

そして、事業主に係る要件、労働者に係る要件、立替払いの対象となる賃金、立替払いされる額を確認し、本制度を理解しましょう（Q5参照）。

その上で、当該破産申立事件において、形成できる破産財団から近い将来に、労働債権の全額を支給できる見通しが立たない場合には、未払賃金立替払制度の利用を積極的に検討することになります（Q13参照）。

その利用の際、未払賃金の種類、額を破産管財人が証明し、その上で、元従業員が未払賃金立替払請求を行う方式となっていることを理解し、その準備作業として何が必要かを考えましょう。

また、実際に立替払いされるまでには、請求のための準備作業、破産管財人の証明、元従業員の未払賃金の立替払請求書の作成、請求後の機構の審査、立替払決定、立替払金の振込みと一定の期間を要しますので、その点も含め、従業員に説明しましょう（Q64参照。スムーズな立替払いのための工夫はQ61参照）。

なお、従業員の即時解雇にあたっては、最後の給料のほかに、解雇予告手当を支給する必要がありますが、この解雇予告手当を支給しないまま有効に解雇されていたとしても、解雇予告手当は立替払いの対象とならないことに注意しましょう（Q36参照）。

第 2 章
制度の概要

Q4 未払賃金立替払制度とは

未払賃金立替払制度は、どのような制度でしょうか。

 未払賃金立替払制度は、企業（事業主）の倒産により定期賃金や退職金が支払われないまま退職を余儀なくされた労働者に対して、国が賃金の一部を立替払いする制度です。

立替払いの受給者は毎年2万〜3万人にのぼっており（【図表】立替払支給者数の推移参照）、倒産時の労働者に対するセーフティネットとして、重要な役割を果たしています。

この制度は「賃金の支払の確保等に関する法律（昭和51年法律第34号）」（以下本書において「賃確法」といいます。また同法律施行令を「賃確令」、施行規則を「賃確則」といいます。巻末【資料14】以下に関係法令の抜粋を収録しています）によって創設された制度で、昭和51年7月1日から実施されています（制定経緯については、Q7参照）。なお、同法には、未払賃金立替払制度のほか、社内預金および退職金について社外積立等の保全措置を講ずべきことなどが規定されています。

この法律は、厚生労働省労働基準局が所管し、未払賃金立替払金の審査支払および求償の業務を、機構が実施しています。

立替払いの令和2年度の支給実績は、企業数1791件、支給者数2万3684名、立替払額約84億円で、制度発足以来45年間の累積では、約9万企業、130万人、5370億円となっています。

これを倒産の類型別にみると、制度発足当初は労働基準監督署長の認定に係る「事実上の倒産」によるものが全体の69％を占めていましたが、令和2年度においては、「法律上の倒産」によるものが74％となっています。なお、「法律上の倒産」のうち99.7％が破産手続によるものです。

【図表】立替払支給者数の推移

凡例:
- 法律上の倒産 … a (黒塗り)
- 事実上の倒産 … b (網掛け)
- 計

年度	a	b	計
R2	17,604	6,080	23,684
R元	18,439	5,553	23,992
H30	16,703	6,851	23,554
H29	16,303	6,155	22,458
H28	15,767	6,174	21,941
H27	16,503	7,552	24,055
H26	22,101	8,445	30,546
H25	27,003	10,140	37,143
H24	27,427	12,778	40,205
H23	27,479	15,158	42,637
H22	34,992	15,795	50,787
H21	50,230	17,544	67,774
H20	39,989	14,433	54,422
H19	38,554	12,768	51,322
H18	29,881	11,007	40,888
H17	28,373	14,101	42,474
H16	29,981	16,230	46,211
H15	42,750	18,559	61,309
H14	52,341	20,482	72,823
H13	35,269	21,626	56,895
H12	32,580	18,857	51,437
H11	29,255	17,147	46,402
H10	27,092	15,212	42,304
H9	15,685	11,804	27,489
H8	12,514	10,185	22,699
H7	10,613	10,961	21,574
H6	10,042	8,705	18,747
H5	6,981	7,456	14,437
H4	3,242	4,226	7,468
H3	2,953	2,697	5,650
H2	1,190	2,025	3,215
H元	1,419	3,357	4,776
S63	2,712	4,784	7,496
S62	5,010	9,045	14,055
S61	7,581	8,751	16,332
S60	7,735	9,566	17,301
S59	4,352	10,058	14,410
S58	4,817	9,919	14,736
S57	5,908	9,377	15,285
S56	3,255	9,692	12,947
S55	3,419	12,141	15,560
S54	3,728	7,605	11,333
S53	6,287	15,058	21,345
S52	4,844	16,113	20,957
S51	3,486	7,590	11,076

横軸: 80,000 70,000 60,000 50,000 40,000 30,000 20,000 10,000 0
（単位：人）

Q5 立替払いの要件

立替払いを受けるための要件は、どのようなものでしょうか。

立替払いを受けるためには、次のすべての要件に該当する必要があります（賃確令2条〜4条）。

① 事業主が、労働者災害補償保険（以下「労災保険」という）の適用事業場で、1年以上の事業活動を行っていたこと

② 事業主が倒産したこと

③ 請求者が、労働基準法上の労働者であること

④ 請求者が、各倒産手続の申立て、または、「事実上の倒産」の認定申請が行われた日の6カ月前の日から2年間の退職者であること

⑤ 定期賃金、退職金が未払いであること（総額2万円未満は対象外）

⑥ 退職日の6カ月前の日から立替払請求日の前日までに支払期日が到来していること

⑦ 破産手続開始決定日（または「事実上の倒産」の認定日）等の翌日から2年以内に立替払請求が行われること

なお、上記②の「倒産したこと」とは、裁判所において「破産手続開始の決定」、「特別清算開始の命令」、「再生手続開始の決定」、「更生手続開始の決定」が行われた場合（法律上の倒産）が該当しますが、これらの法律上の倒産手続がとられていない場合であっても、中小企業に限っては労働基準監督署長が倒産状態にあると認定した場合（事実上の倒産）を含みます。

そして、未払賃金立替払請求には、上記の各要件に該当することについて「裁判所等の証明書」（破産管財人等の証明書）または「労働基準監督署長の確認通知書」を付さなければなりません（賃確則12条、17条）。

また、立替払額は、未払賃金総額の8割ですが、退職時の年齢に応じた上限額が定められています（【参考】未払賃金立替払制度の概要参照）。

なお、未払賃金総額に8割を乗じた額に1円未満の端数が生じた場合は、切捨てとなります（国等の債権債務等の金額の端数計算に関する法律2条1項）。

【参考】 未払賃金立替払制度の概要

> ○ 企業倒産により賃金未払のまま退職した労働者に対して、未払賃金の一部を立替払する制度
> ○ 独立行政法人労働者健康安全機構が支払等の業務を実施

1 要件
　(1) 事業主に係る要件
　　① 労災保険の適用事業の事業主、かつ、1年以上事業を実施
　　② 倒産したこと
　　　ア 法律上の倒産
　　　　破産手続開始の決定（破産法）、特別清算手続開始の命令（会社法）、再生手続開始の決定（民事再生法）、更生手続開始の決定（会社更生法）
　　　イ 事実上の倒産（中小企業事業主のみ）
　　　　事業活動停止、再開見込みなし、賃金支払能力なし（労働基準監督署長の認定）
　　　　※ 中小企業事業主とは、以下のいずれかに該当する事業主をいう
　　　　　・資本金の額等が3億円以下又は労働者数が300人以下で、以下の業種以外の業種
　　　　　・資本金の額等が1億円以下又は労働者数が100人以下の卸売業
　　　　　・資本金の額等が5千万円以下又は労働者数が100人以下のサービス業
　　　　　・資本金の額等が5千万円以下又は労働者数が50人以下の小売業

　(2) 労働者に係る要件
　　① 破産手続開始等の申立て（事実上の倒産の認定申請）の6か月前の日から2年間に退職
　　② 未払賃金額等について、法律上の倒産の場合には、破産管財人等が証明（事実上の倒産の場合には、労働基準監督署長が確認）
　　③ 破産手続開始の決定等（事実上の倒産の認定）の日の翌日から2年以内に立替払請求

2 立替払の対象となる賃金
　退職日の6か月前から立替払請求日の前日までに支払期日が到来している未払賃金（定期給与と退職金（ボーナスは含まず。）。ただし、総額2万円未満のときは対象外。）

3 立替払の額
　未払賃金総額の8割（限度あり）

退職日における年齢	未払賃金総額の限度額	立替払の上限額
45歳以上	370万円	296万円（370万円×0.8）
30歳以上45歳未満	220万円	176万円（220万円×0.8）
30歳未満	110万円	88万円（110万円×0.8）

　例）退職日に35歳で未払賃金が200万円の場合は、立替払額160万円
　　　退職日に35歳で未払賃金が300万円の場合は、立替払額176万円

4 実施機関
　独立行政法人労働者健康安全機構
　※ 立替払の支払事務とともに、倒産した企業（破産管財人等）に対して、立替払した金銭を求償する事務も行っている。

（出所）労働者健康安全機構ウェブサイト

Q6　破産管財業務の中の位置付け

　破産管財人の業務の中での未払賃金立替払制度の位置付けはどのようなものでしょうか。

　破産管財人の立場で未払賃金立替払制度に関与するのは、元従業員が未払賃金の立替払請求を行うにあたり、未払賃金の証明をする場面となります。

　この証明業務は、破産管財人が通常行う業務の中でもやや異質なものとなっています。

　破産債権については、破産債権者から債権届出があった上で、破産管財人として債権調査で認否を行いますし、財団債権についても、基本的には財団債権者からの請求があり（租税等の請求権であれば交付要求）、その存否、額の判断をしています。

　このように、いわば破産管財人は受身の立場にあるということですが、この未払賃金立替払制度については、積極的な関与が必要となります。すなわち、未払いの労働債権がある場合には、破産管財人として、財団債権、優先的破産債権を問わず、積極的に未払額の調査を行い、未払賃金の証明を行うことになります（**Q12**参照）。

　この点、破産管財人は、労働者保護の観点から早期に立替払いが実施されるよう適切な証明業務を行っているところです。

Q7 未払賃金立替払制度の制定経緯

未払賃金立替払制度は、どのような経緯によって創設されたのでしょうか。

A 　昭和48年のオイルショックによる不況を背景に、企業倒産および賃金不払事案が大幅に増加し、労働債権の保護の重要性が高まりました。また、昭和49年12月に、衆参両院の社会労働委員会において「中小企業の倒産等による不払賃金の救済制度の確立について、早急に検討すること」との付帯決議が行われました。

　これらの情勢を踏まえ、労働省は、昭和50年4月、労働基準法研究会に賃金支払および社内預金の返還の確保に関する問題について調査研究を依頼し、同研究会は、同年7月に「労働基準法研究会報告—労働債権の履行確保関係—」を提出しました。

　この報告では、企業倒産時の賃金不払いに対する措置について、「何らかの救済制度を設けることを考えるべきである。」とした上で、

①　フランス、西ドイツ等においてはもっぱら使用者の負担により救済制度が設置されており、この種の制度を導入することは時機を得ていると思われること

②　中小零細企業においては、事実上破産状態に陥った場合にも同様な措置をとるべきものであること

③　会社更生に際しては人員整理が行われるのが通例であるが、このような場合についても、労働者の生活の困窮を緩和するだけではなく当該企業の更生にも寄与することになるので、不払いとなっている賃金に所要の措置を講ずることを検討すべきこと

を提言しています。

　また、中央労働基準審議会においても、同年11月に労働債権小委員会を設置し、未払賃金の確保措置等について検討が行われました。

　これらの提言を受け、労働省は、昭和51年1月、「賃金の支払の確保等に関する法律（仮称）案要綱」を中央労働基準審議会に諮問し、同審議会の了承（答申）を得た上で、同年2月に第77国会に法律案を提出しました。

国会での同法案の趣旨説明では、「企業の倒産に伴う未払い賃金の救済措置を創設することとし、あわせて、賃金の支払いは本来事業主の基本的な責務であることから、賃金支払いについての規制を民事的にも刑事的にも強化するとともに、事業主の責任で退職手当の未払い等を予防するための措置を講じさせる等、賃金の支払いの確保等に関する所要の施策を展開することとし、(中略)法律案を提案いたした次第であります。(後略)」と述べられた上で、①事業主に貯蓄金及び退職金の保全措置を講じさせること、②退職労働者の賃金に高率の遅延利息制度を創設することおよび③未払賃金の立替払事業を創設することが、説明されています。

　このうち、未払賃金の立替払事業に関しては、

①　企業の倒産により事業主から賃金を支払われない労働者に対して、未払賃金のうち一定の範囲のものを事業主に代わって立替払いをすること

②　政府は、この事業を、労働者災害補償保険法(以下本書において「労災保険法」という)等の一部を改正する法律案による労働福祉事業として行うこと

③　同事業によって立替払いされた賃金については、租税特別措置法において課税上の特例措置が講じられること

が説明されています。

　同法律案は、賃金の支払および社内預金の返還に係る罰則の引上げ等を内容とする労働基準法の改正案等とともに、衆参両院ともに全会一致で可決され、同年5月19日に成立(昭和51年法律第34号)しました。

　また、同法の諸規定のうち立替払制度に関する規定については、早期施行の要請により同年7月1日に施行されました。

Q8 制度の改正経過

未払賃金立替払制度は、制度発足以来どのように改正されてきたのでしょうか。

A 立替払制度の基本的な枠組みや仕組みは、制度創設以来現在まで変わっていません。

改正のあった主な事項は、①立替払いの上限額、②中小企業の範囲、③民事再生法の制定に伴う変更、の3点です。

第1点の「立替払いの上限額」（賃確令4条）については、事業創設当時は、「平均賃金の30日分に相当する額又は13万円のいずれか低い額」に、「未払賃金総額を平均賃金の30日分に相当する額で除して得た数（その数が3を超えるときは3）」を乗じて得た額とされていました。この計算方法は、平均賃金の計算が困難であったことなどから、昭和54年の賃確令の改正により改められ、現在に至っています（【図表】未払賃金立替払金の限度額の改正経緯参照）。

なお、当初から、定期賃金と退職手当が対象とされていました。また、立替払額が未払賃金の100分の80である点も、変更はありません。

第2点の事実上の倒産の対象となる「中小企業の範囲」（賃確令2条2項）については、当初から中小企業基本法の定義と同一でしたが、平成11年の同法の改正に伴い、現行の規定に改正されました。

第3点は、平成12年4月に民事再生法が施行されたことに伴い、立替払いの事由（賃確令2条1項）を、従来の「和議開始の決定があったこと」に代えて「再生手続開始の決定があったこと」に、証明者に関する規定（賃確則12条）を、従来の「和議開始の決定があった場合にあっては管財人」に代えて「再生手続開始の決定があった場合にあっては再生債務者等」に、改正されました。なお、同法施行前になされた和議開始の申立てに基づく事案の取扱いについては、なお従前の例によるとする経過規定が設けられています。

この点は法改正ではありませんが、令和2年12月、行政手続の押印廃止により、請求者の押印が不要となりました。また、令和3年4月から、立替払請求書の様式が変更されました（巻末【資料4】参照）。

【図表】未払賃金立替払金の限度額の改正経緯

年度	未払賃金総額の限度額		立替払いの上限額	公布日	施行日	適用される労働者の退職日
創設時	※ （13万円×3）	39万円	31万2千円	S51.6.28	S51.7.1	S51.1.1
S52	※ （15万円×3）	45万円	36万円	S52.3.31	S52.4.1	S52.4.1
S53	※ （17万円×3）	51万円	40万8千円	S53.4.6	公布日	S53.4.1
S54		51万円	40万8千円	S54.4.4	公布日	S54.4.1
S55		54万円	43万2千円	S55.4.5	公布日	S55.4.1
S56		58万円	46万4千円	S56.4.3	公布日	S56.4.1
S57		61万円	48万8千円	S57.4.6	公布日	S57.4.1
S58		62万円	49万6千円	S58.4.5	公布日	S58.4.1
S59		64万円	51万2千円	S59.4.11	公布日	S59.4.1
S60		67万円	53万6千円	S60.4.6	公布日	S60.4.1
S62		70万円	56万円	S62.5.21	公布日	S62.4.1
S63	30歳未満　　　　　　　70万円 30歳以上45歳未満　110万円 45歳以上　　　　　　130万円		56万円 88万円 104万円	S63.4.8	公布日	S63.4.1
H5	30歳未満　　　　　　　70万円 30歳以上45歳未満　120万円 45歳以上　　　　　　150万円		56万円 96万円 120万円	H5.4.1	公布日	H5.4.1
H10	30歳未満　　　　　　　70万円 30歳以上45歳未満　130万円 45歳以上　　　　　　170万円		56万円 104万円 136万円	H10.4.9	公布日	H10.4.1
H13	30歳未満　　　　　　110万円 30歳以上45歳未満　220万円 45歳以上　　　　　　370万円		88万円 176万円 296万円	H13.12.19	H14.1.1	H14.1.1

※ 「平均賃金の30日分に相当する額または限度額のいずれか低い額」に「未払賃金総額を平均賃金の30日分に相当する額で除して得た数（その数が3を超えるときは3）」を乗じて得た額

Q9 立替払いの原資

未払賃金立替払金は、どのような原資から出ているのでしょうか。

 　　未払賃金立替払金に充てるための予算は、労働保険特別会計労災勘定の社会復帰促進等事業費の中に「未払賃金立替払事業費補助金」として計上されています。

　労働保険には雇用保険と労災保険があり、雇用保険については事業主と労働者が保険料をほぼ折半で負担していますが、労災保険は全額が事業主負担となっています。労働保険特別会計労災勘定は、この労災保険料を原資としています。

　未払賃金立替払金は、この補助金と立替払いを行うことによって代位取得した債権の回収金を原資としています。

　なお、労災勘定の資金は、主として労働者の業務上や通勤途上の災害に対する休業、療養、障害等の給付に支出されていますが、社会復帰促進等事業の一つとして賃金の支払の確保を図るための事業の原資ともなっているものです（労災保険法29条1項3号）。

Q10 労働者健康安全機構の概要

　機構では、未払賃金立替払事業に関するどのような業務を行っているのでしょうか。

　また、機構とは、どのような組織なのでしょうか。

　機構では、立替払請求の審査、立替払金の支払、立替払いにより代位取得した債権の管理および当該債権に基づく求償の業務を行っています（賃確法9条、労災保険法29条3項、機構法12条6号）。

　一方、不正受給に係る立替払金の返還や納付命令（立替払金と同額の納付を命ずるもの。いわゆる「倍返し」）に関する賃確法8条に規定する業務は、倒産した企業の本社の事業場を管轄する都道府県労働局（労働基準部監督課）が行っています（不正受給の制裁につき**Q85**参照）。

　機構の前身は、昭和32年7月設立の特殊法人「労働福祉事業団」です。その後「独立行政法人労働者健康福祉機構」（平成16年4月設立）を経て、「独立行政法人労働者健康安全機構法」（巻末【資料18】）に基づいて平成28年4月に設立された、厚生労働省所管の独立行政法人です。

　勤労者医療の推進、労働安全衛生分野の調査・研究、働く人々の福祉事業を通じて、労働者の健康と安全の確保、福祉の増進に寄与することを目的とし、全国に配置されている労災病院、治療就労両立支援センター、労働安全衛生総合研究所や産業保健総合支援センターなどを運営するほか、未払賃金の立替払事業などを行っています。

　このうち、未払賃金立替払の業務は、機構本部の「賃金援護部」において行っています。

第3章

制度の利用に
あたっての留意点

Q11　不正防止のための留意点

未払賃金立替払いの証明に際して、特にどのような点に留意すべきでしょうか。

A 当事者の申立てのみではなく、客観的な資料によって事実確認を行うことが欠かせません。

　　破産管財人等の証明は、裁判所の証明や労働基準監督署長の確認と制度上同様の効力を有しますので（賃確則17条2項、機構業務方法書39条）、客観的な資料に基づく事実確認と各要件の該当性についての慎重な判断が必要です。

　要件ごとの具体的な留意点はこの後のQAで説明していますが、不正な請求を防止するとともに、迅速な立替払いを実施するため、特に下記の点について留意しましょう（巻末【資料10】破産管財人等の証明の手引き（裏表紙）参照）。

(1)　客観的な資料の確認

　まず第1に、原資料を確認することが欠かせません。

　不正請求には、実際に経済活動を行っていないペーパーカンパニーを実在したかのように偽装するもののほか、一定の未払いはあるものの賃金額や未払期間あるいは請求者を水増しするなどの事例がみられます。これらの事例は、いずれも賃金台帳や労働者名簿、出勤記録等の労働関係の書類を後から作成しているものでした。

　したがって、立替払請求に係る各要件の証明に際しては、賃金台帳、労働者名簿、出勤簿、タイムカード等の労働関係の記録類について、当該事業場で倒産前から作成・使用されていたものであることを事業場の関係者に確認するとともに、定期賃金の口座振込の記録、労働者本人が受け取り保管していた給料明細書、社会保険・雇用保険等の納付記録などの客観的なあるいは公的な資料（場合によっては前年の課税証明等の税務申告の記録）によって確認することが必要です。

(2)　退職金制度の存在（過去の支給実績等）の確認

　不正請求の中には、市販されているモデル就業規則や全く無関係な会社の

退職金規程を添付して、当該会社に退職金制度があったように装って、退職金（退職手当）の請求が行われる事例が散見されるようです。

　このような請求を防止するために、当該退職金規程が当該会社のもので、実際に当該規程に則って退職金制度が運用されていたかを、過去の退職者への退職金の支給実績、労働基準監督署への届出状況、経理上の退職金の支払の準備のための引当ての実施状況等の客観的な資料や事実によって、退職金制度が実際に存在し、運用されていたかを確認することが必要です。

(3)　事前の機構への相談

　証明書が労働者に交付されると、当然ながら労働者には証明された額どおりに立替払いが受けられるものとの理解が生じます。仮に、その後、要件に該当しないことが判明した場合や追加の事実確認のための調査が必要となった場合には、請求者からの問合せ・督促への対応や訂正理由等の説明が必要となり、このような事態は労働者への速やかな立替払いという観点から避けたほうがよいでしょう。

　したがって、証明を行うにあたっては、事実確認等に慎重を期すとともに、客観的な資料が存在しない場合、証明を行うに際して疑義がある場合、労働者性（役員、代表者の親族、建設請負従事者等）の判断に疑義がある場合、または多数の立替払請求が見込まれる場合などは、証明を行う前に機構に相談するのが有用です。

　機構では、破産管財人または破産申立代理人からの個別具体的な事案の問合せには、直接審査担当者が対応することとしています。また、必要に応じて直接現地におもむき、破産管財人、破産会社の経理・人事担当者等の関係者と事前打合せを行っていますので、証明を行う前に電話などで相談してください。

　機構では、平成26年3月から3回、「未払賃金立替払事業に係る不正請求の防止及び審査の迅速化等に関する検討会」を開催し、平成27年11月19日、「未払賃金立替払事業に係る不正請求の防止及び審査の迅速化等に関する検討会・検討結果報告書」がまとめられました（巻末【資料22】参照。この全文は、日本弁護士連合会会員専用ページに掲載されています）。ここに「未払賃金立替払に係る証明を行う破産管財人の基本的立場について」として、まとめられていますので、その「討議のまとめ」を抜粋しておきます。

《討議のまとめ》

　破産管財人は、未払賃金立替払に係る証明権者であり、裁判所から選任された破産手続の機関として、その職責に基づき、中立公正な立場で未払賃金の存否及び額の把握に努め、残された客観的資料や関係者の説明に基づき、自らの心証によりその証明を行うべきである。

　関係者の説明のまま何らの事実調査、確認等を行うこともなく、漫然と証明に応じることは避けなければならない。

　また、不正請求が行われることがないようにすることへの留意も必要である。

Q12 破産管財人が証明を行う際の留意点

破産管財人の立場で未払賃金の証明を行うにあたり留意すべき点はどのような点でしょうか。

 　Q11の留意事項３点については、不正受給事件が発生した関係上、やむを得ない面もありますが、破産管財人としては、従前から十分留意してきた点でもあり、今後もそのように努めたいと考えています。

破産管財人として未払賃金の証明を行うには、未払いの賃金や退職金があるか、あった場合に金額はいくらになるかにつき、残された客観的資料や関係者の説明をもとに、いわば事実認定を行っています（**Q37**参照）。

破産管財人は、破産者や債権者とは利害関係のない中立公正な第三者として管財業務を行うため、その調査能力に限界がある面もあり、一定の心証を形成できた段階で証明をし、機構の審査に委ねたいという場合もあります。

ただ、そのようにして証明をすると、後日、機構の審査において要件該当性の再調査を求められることになり、その中で要件該当性が疑われ、立替払いが認められないまま手続が進行しないという事態にもなりかねません。

そのような事態にならないようにするためには、破産管財人の調査の中で要件該当性に疑問がある場合は、機構に事前相談をし、機構の見解を確認した上で判断することが望ましいでしょう（**Q11**参照）。事案によっては、労働基準監督署長の確認のルート（**Q1**参照）も念頭に置いた上で、労働基準監督署にも相談することも有用でしょう（労働基準監督署長の確認のルートの理解につき**Q68**参照）。

Q11で紹介した「未払賃金立替払事業に係る不正請求の防止及び審査の迅速化等に関する検討会・検討結果報告書（平成27年11月19日）」の「未払賃金立替払に係る証明を行う破産管財人の基本的立場について」（巻末【資料22】参照）には、①未払賃金の証明に関する破産管財人の権限と職責、②証明にあたっての事実認定、③機構との連携、④客観的資料および記録の収集・保管、⑤申立代理人に期待される役割が記載されていますので、参考にしてください。

Q13 破産管財人として立替払制度を検討する事案

破産管財人として未払賃金立替払制度の利用を検討するのはどのような事案でしょうか。

A 破産管財人として、いつも未払賃金立替払制度を利用するわけではありません。

労働債権の未払いがあっても早期に破産財団が形成できる事案であれば、速やかに労働債権の全額を弁済することで対応可能です（財団債権部分の弁済（破産法151条、78条2項13号）、優先的破産債権部分の労働債権の弁済許可（同法101条1項）、和解契約による労働債権の弁済（同法78条2項11号）といった方法によります。**Q94**参照）。

逆に、破産財団が不足し、労働債権に対する弁済や配当の見込みがない事案や破産財団の形成に一定の期間が必要で、財団形成を待つよりも未払賃金立替払制度を利用したほうが元従業員の保護に資する事案の場合に利用を検討することになります。

そのためには、破産管財人として、事案の見極めが必要で、破産手続開始決定から2、3カ月程度の間に労働債権の弁済や配当の見込みがなければ、就任後速やかに未払賃金立替払制度の利用に向けた準備を開始するとよいでしょう。

なお、破産管財人として未払賃金を証明し、元従業員から立替払請求がされた後に、予想より早く破産財団を増殖でき、労働債権の弁済が可能となれば、破産財団から弁済することで足ります。その場合は、証明を取り下げることにより対応します（**Q73**参照）。

Q14　申立代理人として立替払制度を検討する事案

破産の申立代理人として未払賃金立替払制度の利用を検討するのはどのような事案でしょうか。

　　　　破産管財人としての検討場面（**Q13**参照）の前段階として、破産の申立代理人段階でも事案の見極めが必要です。実は、この段階での判断が大切です（破産管財人としての関与は事後的な関与となります）。

　申立代理人としては、事業停止、従業員の解雇の際に、給料や退職金の弁済が可能であれば、弁済した上で申立てを行いましょう。

　この点、川畑正文ほか編『破産管財手続の運用と書式〔第3版〕』21頁以下（新日本法規出版、2019年）において、「申立代理人としては、債務者の財務状況を勘案して可能であれば、後日否認権を行使されることは通例考え難いので、破産手続開始決定前にこれら労働債権の弁済を行うのが相当である」と指摘されています（併せて、**Q15**記載の各種文献も参照してください）。

　労働債権の全額を弁済できない場合には、弁済できない部分につき後日の未払賃金立替払制度の利用を検討することになりますが、その際も未払賃金立替払制度の要件を勘案し、どの債権が未払いとして残るか検討しましょう（**Q15**参照）。この点の検討を怠ると、後日、元従業員の保護の観点から問題となりかねませんので、注意が必要です。

　申立代理人として、この未払賃金立替払制度を十分に理解し、実際に立替払いされるまでには、請求のための準備作業、破産管財人の証明、元従業員の未払賃金の立替払請求書の作成、請求後の機構の審査、立替払決定、立替払金の振込みと一定の期間を要することから、その点も含め、従業員の解雇の際に十分説明しましょう（**Q64**参照）。

Q15　即時解雇の際の留意点

破産の申立代理人として、事業停止の際の従業員の即時解雇にあたり留意すべき点はどのような点でしょうか。

 破産の申立代理人としては、破産の申立ての前提として、事業停止時に従業員を即時解雇することが多く（場合によっては、その後の管財業務も考慮し解雇予告の場合もありますが、即時解雇の場合が多いでしょう）、確実に解雇できていることが大切で、解雇時に解雇通知を手渡す等、客観的にわかるようにしておきましょう（解雇時の諸手続については、Q78参照）。退職日は、未払賃金立替払制度との関係でも重要です（Q31、Q32参照）。

解雇にあたっては、即時解雇であれば、解雇予告手当を支給する必要があり（労働基準法20条1項。例外は、同法21条）、その資金が確保できるようであれば、確実に支給するようにしましょう（なお、未払賃金立替払制度との関係では、解雇予告手当は立替払いの対象外となっています。Q36参照）。

申立代理人としては、解雇予告手当を支給しない即時解雇の効力の問題で後日争いが起こらないようにする必要があり、解雇予告手当を支給することは、解雇の効力を確実にするという観点だけでなく、不支給の場合に罰則も科されていることからも（同法119条1号。なお、賃金の不払については、同法120条1号参照）、後日の破産手続における債権の順位（財団債権と優先的破産債権。例えば、租税債権の存在）とは関係ないものといえると考えます。

このように取り扱うことは労働者保護にもつながりますが、破産手続との関係でも特段の問題は生じない（有害性もなく、不当性も認められない（正当性が認められる））と解されます。

以上、同旨の文献として、日本弁護士連合会倒産法制等検討委員会「中小規模裁判所における法人破産事件処理の在り方」金融法務事情1982号16頁以下、川畑正文ほか編『破産管財手続の運用と書式〔第3版〕』21頁以下、27頁（新日本法規出版、2019年）、野村剛司編著『実践フォーラム　破産実務』70頁以下（青林書院、2017年）、野村剛司編著『法人破産申立て実践マニュアル〔第2版〕』35頁以下（青林書院、2020年）を参照してください。

Q16 破産管財人への引継資料

破産の申立代理人として、労働債権関係で確保し、破産管財人へ引き継ぐ資料は何ですか。

A まずは、賃金台帳が必要です。

従前、経理や人事担当者が作成していたものがあるはずですので、そのファイルごと確保しておきます（過去の実績がわかるように、過去2、3期分程度はあったほうがよいでしょう。なお、機構の審査につきQ35参照）。その際、従業員名簿等のファイルも確保しておきます。

この点、パソコン内の電子データのみという場合は、データを確保し、印刷してファイルしておきます。パソコンがリースの場合もあり、リース会社からの返却要請に応じた場合に、データの確保ができないことになります。場合によっては、パソコン自体を申立代理人事務所に確保しておきます。

事業停止時の最後の給料の支給等のデータが入力未了の場合もありますので、最後までデータを入力してもらいます。なお、賃金台帳の様式が途中で変化している場合には、その変更の理由を確認しておくとよいでしょう。

また、賃金台帳が不十分な場合に備え、出勤記録やタイムカードといった基礎資料も確保しておきます。事業停止時の混乱により、どうしても最後の給料の計算の際に残業代の確認、計算が未了となる事案があります。

次に、就業規則、給与規程、退職金規程等の資料も確保しておきます。特に退職金規程は、退職金の計算の際に必要ですし、機構の審査においても重要な資料となります（Q48、Q49参照）。

これらの資料は、労働債権の未払いの有無に関係なく確保し、破産管財人に引き継ぎます（当然のことながら、未払いがある場合には、未払賃金立替払制度の利用の際に必要な資料となります）。

また、解雇の際には、所得税では源泉徴収票、住民税では異動届、社会保険では資格喪失届、雇用保険では離職証明書といった各種必要書類があり（Q78参照）、その控えを破産管財人に引き継ぎます。

Q17 法人代表者のみの破産申立て

会社が経営破綻しましたが、会社には資産がないので、多額の連帯保証債務を負う法人代表者のみの破産申立てを考えています。会社の従業員には未払いの賃金が残っていますが、会社は放置しておいてもよいでしょうか。

A 　ここでは、主に、労働債権を有する元従業員の観点で検討します。

　　元従業員としては、会社が破綻し、その資産もないということですので、未払賃金立替払制度を利用したいところです。

　しかし、会社が破産申立てをしないままでいると、破産管財人による未払賃金の証明を受けることができません。スムーズな未払賃金の立替払いを受けるには、法人代表者に会社の破産申立てを行ってもらうことが大切なことになります。元従業員から債権者申立てを行うことも可能といえば可能ですが（破産法18条1項）、自己破産に比べ予納金が高額となりますので、あまり現実的ではありません。

　自己破産の申立てがなかなか行われないようであれば、労働基準監督署長に対し、事実上の倒産（事業活動が停止し、再開する見込みがなく、賃金支払能力がない状態。賃確則8条。Q5参照）認定の申請を行い、その認定後に、労働基準監督署長に未払賃金の確認を行ってもらうことも可能です（Q69、Q80参照）。その場合にも、事実上の倒産認定のための資料が必要となります。

　また、立替払いの対象となるのは、破産申立て、または、事実上の倒産認定の申請を行った日の6カ月前の日から2年間に退職した場合に限定されますので（Q31、Q80参照）、この期間制限にも注意する必要があります。

　なお、破産手続における給料債権の財団債権部分は、破産手続開始前3カ月間のものに限定されていますので（破産法149条1項。Q97参照）、この点にも注意が必要です。

　法人代表者の破産申立てのみを検討している申立代理人としても、かかる事情を理解し、法人の破産申立ても可能か、それとも事実上の倒産認定にならざるを得ないか、よく検討する必要があります。

第 4 章
事業主に係る要件

Q18　事業主に関する要件

　立替払いの対象となる事業の要件に関して留意すべき事項は、どのような ことでしょうか。

A 　同居の親族以外の労働者を使用して、事業を行っていたことを確 認する必要があります。

　未払賃金立替払制度の対象となる事業は、労災保険の「適用事 業」に該当する事業の事業主であることが要件となっていますが（賃確法7 条）、労災保険法では「労働者を使用する事業を適用事業とする。」と規定さ れています（3条1項）。また、賃確法では、「この法律において「労働者」 とは、労働基準法第9条に規定する労働者（同居の親族のみを使用する事業又 は事務所に使用される者及び家事使用人を除く。）をいう。」と規定されていま す（2条2項）。

　したがって、労災保険の適用事業に該当するためには、個人事業か法人で あるかを問わず、同居の親族以外の労働者を使用して事業を行っていること が必要で、同居の親族のみを使用して事業を行っている場合は、「労災保険 の適用事業」に該当せず、立替払制度の対象とはなりません。

　なお、「同居」とは、「居住及び生計を一にするもの」とされています（同 居の親族以外の労働者を使用している場合の事業主（経営者）の親族の労働者性 についてはQ24参照）。

　事業主の要件に関する上記以外の留意点については、この章のQ19および Q20を参照してください。

【参考】労働基準法（昭和22年4月7日法律第49号）
第116条第2項　この法律は、同居の親族のみを使用する事業及び家事使用人につ いては、適用しない。

Q19　1年以上の事業活動

事業活動の期間に関する要件について、留意すべき事項は、どのようなことですか。

A 　労働者を1年以上の期間にわたって使用していることを確認することが必要です（賃確法7条、労災保険法3条、賃確則7条）。

　　法人の設立等が1年以上前になされていたとしても、労働者を使用していない期間は労災保険の適用事業には当たらないため、労働者を使用していた期間が1年に満たない場合は対象外となります。

　なお、個人事業主がいわゆる「法人成り」をした場合については、債権債務等をそのまま承継し、労働関係も継続していると認められるときは、1年以上の事業活動が行われているものと取り扱われています。

　したがって、具体的には、倒産前から作成されていた労働者名簿や賃金台帳などの労働基準法によって作成・調整が義務付けられている帳簿類や、社会保険・雇用保険の加入や納付の記録から、1年以上の期間にわたって労働者を使用して事業活動が行われていたかを確認することが必要です。

Q20 労災保険の適用事業

労働者を使用している事業場は、事業の種類を問わず立替払いの対象となりますか。また、労災保険に加入していない事業場も立替払いの対象となりますか。

A 労災保険法では、原則として、事業の種類を問わず、労働者を使用する国内の事業場は「適用事業」とされています。

ただし、国の直営事業、非現業の中央および地方の官公署の事業については適用されません（労災保険法3条2項）。

また、農林水産業の一部（常時5名未満の労働者を使用する個人経営のもの等）の事業については「暫定任意適用事業」とされており、これらの事業場については、労災保険の加入手続を行っていない場合は立替払いの対象とはなりません（【参考】暫定任意適用事業の範囲参照）。

一方、上記の「暫定任意適用事業」以外の事業については当然適用（強制適用）となっているので、労災保険の加入手続を行っていない事業場（未手続事業場）や労災保険料を支払っていない事業場（滞納事業場）であっても、立替払いの対象となります。

また、適用事業には、営利事業に限らず、社団法人やNPO等の非営利事業も含まれます。

なお、日本国外の事業場については属地主義により国内法の適用がないため、本社が日本国内にある企業であっても日本国外の事業場（海外支店等）に勤務する労働者は、出張者を除き立替払いの対象外となります。

海外出張者か海外支店勤務者かの区別は、国内の事業場に所属してその事業場の使用者の指揮監督に従って勤務していたか、または、海外の事業場に所属してその事業場の使用者の指揮監督に従って勤務していたかという点からその勤務の実態を総合的に判断することとなります。

【参考】 暫定任意適用事業の範囲

1　農業

　　労働者５人未満の個人経営の事業であって、一定の危険又は有害な作業を主
として行う事業及び事業主が農業について特別加入している事業以外のもの

2　林業

　　労働者を常時には使用せず、かつ、年間使用延べ労働者数が300人未満である
個人経営の事業

3　水産業

　　労働者５人未満の個人経営の事業であって、総トン数５トン未満の漁船によ
るもの又は災害発生のおそれが少ない河川・湖沼又は特定の海面において主と
して操業するもの

　　（失業保険法及び労働者災害補償保険法の一部を改正する法律及び労働保険の
保険料の徴収等に関する法律の施行に伴う関係政令の整備等に関する政令第17
条および昭和50年４月１日労働省告示第35号「同第十七条の規定に基づく厚生
労働大臣が定める事業」などから略述、厚生労働省労働基準局労災補償部労災
管理課『七訂新版労働者災害補償保険法』113頁（労務行政、2008年）参照）

第 5 章
労働者に係る要件

Q21　請求者の要件（所属労働者、派遣、出向など）

請求者に係る要件について、留意すべき事項はどのようなことでしょうか。

 請求者に係る要件に関しては、次の4点を確認する必要があります。

① 請求に係る期間、当該企業に勤務していたこと
② 倒産した企業に使用されていたこと
③ 労働基準法上の労働者であること
④ 破産申立日等の6カ月前の日以降2年間の期間内に退職したこと

このうち、上記①については、不正請求事案の中には実際に使用していない者を所属労働者であると偽る事例がみられる場合がありますので、請求者が実際に当該事業場で労働に従事していた者であることを、**Q19**に例示した関係書類などによって確認する必要があります。

つぎに、倒産した企業が、労働契約上賃金支払義務を負っていることを確認する必要があります。この点、正社員、パートタイム労働者、アルバイト等の雇用形態を問いませんし、外国人労働者も対象となります（外国人労働者の留意点につき**Q82**参照）。

派遣労働者については、賃金支払義務を負う使用者は派遣元となるので、派遣元の事業場について倒産手続がとられない限り立替払いの対象とはなりません。

なお、職業紹介所等からの紹介によって雇用した労働者（催事等における販売員・マネキンなど）は、紹介所に一定の金員が支払われていたとしても、労働契約の当事者は当該事業主となります。

また、出向者については、賃金が出向先、出向元のどちらから支払われていたかによって労働契約上の賃金支払義務者を判断することとなります（菅野和夫『労働法〔第12版〕』187頁以下、735頁以下（弘文堂、2019年）参照）。

上記③の労働基準法上の労働者性についてはこの章の別項（**Q22〜Q30**）を、退職日については第6章（**Q31〜Q34**）を、参照してください。

Q22　法人の代表者・取締役などの労働者性

法人の代表者や取締役などの役員は、立替払いの対象となる労働者に当たりますか。

A　立替払いの対象者は、労働基準法上の労働者に限られます（賃確法2条2項）。

労働基準法では「労働者」について「職業の種類を問わず、事業又は事務所に使用される者で、賃金を支払われる者をいう」（同法9条）と定義しています。

そして、「労働契約法及び労働基準法（その付属法・関連法）の適用があるか否かについては、「使用されて労働し、賃金を支払われる」者としての「労働者」といえるか否かが、共通の基本的判断事項となる」（菅野和夫『労働法〔第12版〕』178頁以下（弘文堂、2019年）参照）と解されています。

事業の経営者は、指揮監督を受けて使用従属下の労働に従事する立場にはないため「使用されて労働する者」に当たらず、「労働者」ではありません。

事業の経営者には個人事業主のほか、法人にあっては代表権、業務執行権のある取締役がこれに該当します（【参考1】取締役等の労働者性に関する裁判例・行政通達参照）。

一方、企業に労働者として使用されてきた者が、代表権や業務執行権のない取締役に就いた場合であって、引き続き使用従属下の労働に従事している場合（取締役営業部長など）は、労働基準法上の労働者性を併せもつ者として、立替払制度の対象となります。

このような取締役兼務労働者の場合、会社法上の取締役としての職務（経営の意思決定を行うことなど）に対する報酬は労働の対償である賃金には当たらず、営業部長としての職務に対しての報酬部分のみが賃金として立替払いの対象となります。取締役の報酬が明定されている場合はそれによりますが、それ以外の場合は、取締役に就任した前後に報酬が増額されたか、取締役としての職務に実際に従事しているか（取締役会が開催され経営に関する事項が審議決定されていたか、対外的な信用を得るための肩書き上の任命にとどまるか）などによって、報酬のうちどの範囲が賃金に当たるかを判断すること

となります。

　また、社外の（非常勤）取締役、監査役、顧問（公認会計士、税理士、社会保険労務士、コンサルタント）などは、使用従属下の労働に従事していないため、「労働者」には当たりません。

　取締役や監査役との兼務労働者に係る立替払いの証明を行う場合は、破産管財人が「労働者」と判断した理由について報告書（【参考2】報告書例参照）を提出することになります。

【参考1】 取締役等の労働者性に関する裁判例・行政通達

○ 「或事業の業務主体について従属的労働関係が成立することは、観念上不能に属するから、無論事業主若しくは、これと同視しうべき経営担当者については、労働者の地位の兼併というが如きことは有りえないものといわなければならない」（大阪地判昭30.12.20判例タイムズ53号68頁。東亜自転車事件要旨）

○ 「法人、団体、組合の代表者又は執行機関たる者の如く、事業主体との関係において使用従属の関係に立たないものは労働者ではない」（「労働基準法関係解釈例規」昭23.1.9基発第14号、昭63.3.14基発第150号、平11.3.31基発第168号）

○ 「法人の所謂重役で業務執行権又は代表権を持たない者が、工場長、部長の職にあつて賃金を受ける場合は、その限りにおいて法第9条に規定する労働者である」（「労働基準法関係解釈例規」昭23.3.17基発第461号）

【参考2】 報告書例

> 　請求者は、取締役として登記されているが、業務執行権はなく、営業部長として他の従業員と同様の勤務形態で、営業の業務に専ら従事している。報酬についても、取締役に就任する前と変更はなく全額が賃金と認められる。

【参考3】 労働基準法（昭和22年4月7日法律第49号）

第9条　この法律で「労働者」とは、職業の種類を問わず、事業又は事務所（以下「事業」という。）に使用される者で、賃金を支払われる者をいう。

第10条　この法律で使用者とは、事業主又は事業の経営担当者その他その事業の労働者に関する事項について、事業主のために行為をするすべての者をいう。

第121条　この法律の違反行為をした者が当該事業の労働者に関する事項について、事業主のために行為した代理人、使用人その他の従業員である場合においては、事業主に対しても各本条の罰金刑を科する。ただし、事業主（事業主が法人である場合においてはその代表者（中略）を事業主とする。次項において同じ。）が違反の防止に必要な措置をした場合においては、この限りでない。

Q23　取締役に給料の未払いがあるとされる事案の留意点

　破産申立書の労働債権一覧表に代表取締役や取締役に給料の未払いがあると記載されている場合、破産管財人として留意すべき点はどのような点でしょうか。

　破産申立書の労働債権一覧表を確認する際には、商業登記簿謄本（履歴事項全部証明書等）の役員欄と照らし合わせ、労働債権一覧表に代表取締役、取締役、監査役が含まれているか確認します。

　株式会社の取締役は株式会社と委任関係にあり（会社法330条）、役員報酬が経理処理上「給料」となっていたとしても、労働契約に基づく賃金ではなく役員報酬であって、破産管財人としても、その仕分けをする必要があります。

　まず、代表取締役の場合、純粋な役員であって従業員ではないことから、Q22のとおり、立替払いの対象とはならず、また、破産手続においても労働債権とはなりません（監査役についても同様の場合が多いでしょう）。破産申立書の労働債権一覧表に記載があったとしても、労働債権には該当しない旨を代表者に説明することになります（申立代理人としても注意したほうがよいと思われます）。

　次に、取締役兼務労働者（従業員兼務役員）の場合は、労働者の面（雇用）と取締役の面（委任）との両面があることになります。この点、Q22を参考にし、労働者としての従前の給料に取締役としての役員手当が加算されているといった場合には、役員手当を控除することで労働者としての賃金部分を判断することが多いでしょう。

　このような仕分けがされていない場合には判断が難しいこともあります。事案ごとに違いが生じることになりますが、取締役としての経営への関与の程度や他の純粋な従業員の最高賃金額等も参考に、全額を従業員の賃金と判断することもあれば、役員報酬部分と従業員の賃金部分を割合的に判断することもあるでしょう。

Q24　経営者の親族の労働者性

経営者の親族は、立替払いの対象となる労働者に当たりますか。

A 　事業主（経営者）の同居の親族は、原則的には労働者には該当しませんが、事業主の指揮命令に従っていることが明確であり、かつ、始業終業時刻などの就労の実態が当該事業場の他の労働者と同様であって賃金もこれに応じて支払われていることなどの要件を満たす場合は「労働者」として取り扱うものとされています（【参考1】同居の親族のうちの労働者の範囲について参照）。

　また、同居ではない親族（事業主の子の配偶者や事業主の父母など）についても、実際には就労していない者が、税金対策などの目的で賃金台帳等に記載されている場合もあり、事業主の親族に係る立替払いの証明に際しては、慎重な判断が必要です。

　実際にあった事例では、事業主の両親及び事業主の配偶者の両親が、破産管財人の証明により立替払いを受けたのち、破産管財人が血縁等の関係のない別の労働者に聴き取りをした結果、事業場で両親らを見た者がおらず、就労実態がなかったことが判明し、機構が立替払金を回収したということです。

　なお、事業主（法人の代表者）の親族に係る立替払いの証明を行う場合は、破産管財人が「労働者」と判断した理由などについて報告書を提出することになります（【参考2】報告書例参照）。

【参考1】 同居の親族のうちの労働者の範囲について

(昭54.4.2基発153号労働省労働基準局長通達)

　同居の親族は、事業主と居住及び生計を一にするものであり、原則として労働基準法上の労働者には該当しないが、同居の親族であっても、常時同居の親族以外の労働者を使用する事業において一般事務又は現場作業等に従事し、かつ、次の(1)及び(2)の条件を満たすものについては、一般に私生活面での相互協力関係とは別に独立した労働関係が成立しているとみられるので、労働基準法上の労働者として取り扱うものとする。

(1)　業務を行うに付き、事業主の指揮命令に従っていることが明確であること。

(2)　就労の実態が当該事業場における他の労働者と同様であり、賃金もこれに応じて支払われていること。特に、①始業及び終業の時刻、休憩時間、休日、休暇等及び②賃金の決定、計算及び支払の方法、賃金の締切り及び支払の時期等について、就業規則その他これに準ずるものに定めるところにより、その管理が他の労働者と同様になされていること。

【参考2】 報告書例

　請求者は、事業主の（同居の）親族（続柄を記載）であるが、他の労働者と同様に、始業時刻の○○時から終業時刻の○○時まで毎日就労している。また、就業規則に基づき、欠勤や遅刻に際しては賃金を控除されるなど、他の労働者と同様の労働時間管理、労務管理が行われている。

　なお、請求者は、上司の○○（又は事業主）の指揮監督を受けて、○○○（具体的な仕事の内容を記載）の業務に従事している。

Q25 経営者の親族が役員や従業員の場合の留意点

経営者の親族が役員や従業員の場合に、破産管財人として留意すべき点はどのような点でしょうか。

 　　　中小企業の場合、代表取締役の親族が取締役・監査役になっていることや従業員になっていることが多く、取締役や監査役についての留意点はQ22、Q23のとおりで、従業員の場合の労働者性についてはQ24のとおりであり、慎重な判断を要することになります。

　税金対策で、実際に就労していない親族を従業員としているような場合を除き、基本的には他の従業員と同様に就労している場合が多いと思われますが、疑義がある場合には、残された資料をもとに関係者から個別に聴き取るなど、可能な範囲で調査を行い、就労の有無を判断することになります（長期の未払いの場合の留意点につき、Q41参照）。

Q26　建設手間請け従事者の労働者性

建設手間請け従事者は、立替払いの対象となる労働者に当たりますか。

A 労働基準法上の労働者性に関しては、一般的な基準として、旧労働省の研究会において、昭和60年12月19日付労働基準法研究会報告「労働基準法の「労働者」の判断基準について」が示されています（巻末【資料12】参照）。

また、「建設手間請け従事者」に関しては、平成8年3月25日付労働基準法研究会労働契約等法制部会労働者性検討専門部会報告「建設業手間請け従事者及び芸能関係者に関する労働基準法の「労働者性」の判断基準について」が示されています（【参考2】労働基準法の「労働者性」の判断基準について、巻末【資料13】参照）。

なお、この報告においては、「手間請けと呼ばれるもののうち①手間賃（日当）による日給月給制の労働者の場合は、一般に労働者と、②手間（労務提供）のみを請け負い、自らは労務提供を行わずに労働力を供給する事業を行っている者の場合は一般に事業者と解することができ、これらについては労働者性の問題が生じるところではないので、本報告では対象とはしていない」とされています。

一方、判例では、作業場をもたずに1人で工務店の大工仕事に従事する形態で稼働していた大工について労働基準法および労災保険法上の労働者に当たらないとされたものがあります（【参考1】藤沢労基署長事件要旨参照）。

以上によれば、少なくとも、報酬が出来高払いではなく日当（相場では1日1万～2万円程度か）で決まっている者は「労働者」として立替払いの対象となると考えます。また、判例の解釈として、自分の判断で作業手順を選択できないこと、所定の始業終業時刻に拘束され時間管理がなされていること、他の工務店の仕事をすることが禁じられているなど専属性があること、作業に必要な道具を所持していないことなどが認められる場合は、労働者と考えて差し支えないのではないかと思われます。

これに対し、当該者が法人の代表者（または個人事業主）であって他の労働者を使用している場合はもとより、仕事の依頼や業務従事の指示等への諾

否の自由がある場合、一般的な作業指示以外の指揮監督を受けていない場合、作業場や工事用の車両などの道具を所有している場合、自己の裁量によって元請けが異なる複数の現場をかけもちしている場合などは、労働者性が希薄であると考えます。

【参考1】 藤沢労基署長事件要旨
（最一小判平19．6．28判例時報1979号158頁）

　作業場を持たずに1人で工務店の大工仕事に従事する形態で稼働していた大工が、特定の会社が請け負っていたマンションの内装工事に従事していた場合において、上記大工は、

① 　自分の判断で上記工事に関する具体的な工法や作業手順を選択することができたこと、

② 　事前に同社の現場監督に連絡すれば、工期に遅れない限り、仕事を休んだり、所定の時刻より後に作業を開始したり所定の時刻前に作業を切り上げたりすることも自由であったこと、

③ 　他の工務店等の仕事をすることを同社から禁じられていなかったこと、

④ 　同社との報酬の取決めは、完全な出来高払の方式が中心とされていたこと、

⑤ 　一般的に必要な大工道具一式を自ら所有し現場に持ち込んで使用していたこと、

など判示の事実関係の下では、上記大工は、労働基準法及び労働者災害補償保険法上の労働者に当たらない。

【参考2】 労働基準法の「労働者性」の判断基準について

〔検　討　項　目〕

1　「使用従属性」に関する判断基準
　(1)　「指揮監督下の労働」に関する判断基準（労働が他人の指揮監督下において行われているか）
　　ア　仕事の依頼、業務従事の指示等に対する諾否の自由の有無
　　イ　業務遂行上の指揮監督の有無
　　　(ｱ)　業務の内容及び遂行方法に対する指揮命令の有無
　　　(ｲ)　通常予定されている業務以外の業務に、「使用者」の命令、依頼等により従事することがあるか
　　ウ　拘束性の有無（勤務場所及び勤務時間が指定され、管理されているか）
　　エ　代替性の有無（指揮監督関係の判断を補強する要素）
　　　○本人に代わって他の者が労務を提供することが認められているか。また、本人自らの判断によって補助者を使うことが認められているか
　(2)　報酬の労務対償性に関する判断基準
　　　○報酬が時間給を基礎として計算されるなど、一定時間労務を提供していることに対する対価か
2　「労働者性」の判断を補強する要素
　(1)　事業者性の有無
　　ア　機械、器具の負担関係
　　イ　報酬の額
　　ウ　その他
　　　(ｱ)　業務遂行上の損害に対する責任を負う等
　　　(ｲ)　独自の商号使用が認められている等
　(2)　専属性の程度
　　ア　他社の業務に従事することが制度上制約され、また、時間的余裕がなく事実上困難である（専属下請けは契約内容等も勘案する）
　　イ　報酬に固定給部分がある、業務の配分等により事実上固定給となっている、その額も生計を維持し得る程度のものである等生活保障的な要素が強い
　(3)　その他
　　ア　採用、委託等の際の選考過程が正規従業員の採用の場合とほとんど同様である
　　イ　報酬について給与所得として源泉徴収を行っている
　　ウ　労働保険の適用対象としている
　　エ　服務規律を適用している
　　オ　退職金制度、福利厚生を適用している等

※　「労働基準法研究会報告（労働基準法の「労働者」の判断基準について（昭和60年12月19日））」（巻末【資料12】）、「労働基準法研究会労働契約等法制部会労働者性検討専門部会報告（建設業手間請け従事者及び芸能関係者に関する労働基準法の「労働者」の判断基準について（平成8年3月25日））」（巻末【資料13】）から労働者健康安全機構で作成。

Q27 下請負業者からの立替払要請への対応

下請負業者から、破産会社の従業員は立替払いを受けられたのに、自分たちは立替払いを受けることはできないのかとの問合せがあった場合、破産管財人としてどう対応したらよいでしょうか。

A 建設業や製造業に多いと思われますが、同じ現場や工場で破産会社の従業員と一緒に業務を行っていたという場合、破産会社の従業員には労働債権が破産申立て前に支払済みであったり、破産手続開始後に弁済や立替払いがされたりすると、下請負業者から、自分たちも同じように仕事をしていて、労務費としては同じであるとの主張がされることがあります。

この点、雇用なのか請負なのか、破産管財人としても、その判断が難しい場合があります。

ここでの検討は、労働基準法上の「労働者」（同法9条）に該当するか否かとなります。

まずは、どのような契約となっていたのか、すなわち、破産会社において実際に従業員として取り扱われてきた範囲、請負で出来高の請求を受け、外注費等で支払ってきたのかといった客観面を確認することになります。

その上で、**Q26**で紹介した「労働者性」の判断基準についての報告や判例等を参考に、「使用」性と「賃金」性とを検討し、判断の補強要素として、事業者性、専属性、公租公課の負担も考慮して総合的な判断を行うことになります（水町勇一郎『労働法〔第8版〕』52頁以下（有斐閣、2020年）、水町勇一郎『詳解 労働法〔第2版〕』32頁以下（東京大学出版会、2021年）参照）。

ただ、多くの場合、下請負業者であり、労働者であるとの判断はしにくいのではないかと思われます。例えば、下請負業者が他の会社の下請けもしているのであれば、労働者性は認められないでしょう。また、法人成りしている場合も認められないでしょうし、個人事業者であっても一人親方ではなく、配下の者を雇用している場合も難しいと考えます。

この問題は、立替払いの可否だけでなく、破産手続において優先する債権となるかという大きな問題に影響します。請負代金債権であれば一般の破産

債権にすぎないところ（労働者派遣の場合の派遣元企業からの労働者派遣料債権も同様に一般の破産債権となります）、労働者性が認められると、労働債権となる賃金として財団債権や優先的破産債権となることから、破産管財人としては、債権者全体の利益の調整の面を考慮せざるを得ません。

　破産管財人として調査の上、下請負業者の請負代金請求権であると判断した場合（その前提として、機構に事前相談を行うことも有用です。Q11参照）は、その判断を伝えるとともに、それでも立替払いを受けたいと主張する場合には、労働基準監督署長の確認申請の方法もあることをアナウンスすることになります（Q66、Q68参照）。

　なお、破産手続において、財団債権性（破産法149条1項）を主張するのであれば、別途訴訟提起が必要であり（この点、破産管財人として財団債権性を否定するために、債務不存在確認訴訟を行ったほうがよい場合もあり得ます）、優先的破産債権部分を主張する場合は、債権届出を行い（同法111条1項）、債権調査において破産管財人が認めなかった場合、破産債権査定申立て（同法125条。その後の異議の訴え（同法126条）の点も含め）が必要となることも併せてアナウンスするとよいでしょう。

Q28 傭車契約の運転手・在宅勤務者などの労働者性

自己所有のトラックの運転手や在宅勤務者などは、立替払いの対象となる労働者に当たりますか。

A 労働基準法上の労働者性に関しては、Q26記載のとおり昭和60年12月19日付の労働基準法研究会報告「労働基準法の「労働者」の判断基準について」において示されています（Q26の【参考2】労働基準法の「労働者性」の判断基準についておよび巻末【資料12】参照）。

同報告では、自己所有のトラック等により、他人の依頼や命令等によって運送に従事しているいわゆる傭車運転手について具体的な判断基準が示されています。また、「業務の遂行に関し特段の指揮監督を行っておらず、時間的、場所的な拘束の程度も、一般の従業員と比較してはるかに緩やかであった」との事実関係によって労働者性が否定された判例もあります（【参考】横浜南労基署長事件要旨参照）。したがって、傭車運転手の労働者性については、同報告や判例に照らした判断が必要です。

一方、同報告では、在宅勤務者についても、契約関係、業務の諾否の自由、指揮命令の内容、就業時間の拘束性、報酬の性格（固定給か出来高制か）および額、専属性、機械・器具の負担等の要素を勘案した判断基準が示されていますので、上記の研究会報告（巻末【資料12】）を参照してください。なお、自宅または共同作業場において、時間的な拘束を受けずに賃加工を行っている家内労働者（内職者）については、一般的には労働基準法上の労働者ではないので、留意しましょう。

さらに、IT関係のプログラマーなどについても、時間的な拘束を受けておらず指揮命令下の労働に従事していない場合や、報酬が成果に応じたもののみとなっている場合などは、労働基準法上の労働者性について慎重な判断が必要です。

【参考】横浜南労基署長事件要旨
　　　（最一小判平 8 .11.28判例時報1589号136頁）
　　自己の所有するトラックを持ち込んで特定の会社の製品の運送業務に従事して
　いた運転手が、自己の危険と計算の下に右業務に従事していた上、右会社は、運
　送という業務の性質上当然に必要とされる運送物品、運送先及び納入時刻の指示
　をしていた以外には、右運転手の業務の遂行に関し特段の指揮監督を行っておら
　ず、時間的、場所的な拘束の程度も、一般の従業員と比較してはるかに緩やかで
　あったなど判示の事実関係の下においては、右運転手が、専属的に右会社の製品
　の運送業務に携わっており、同社の運送係の指示を拒否することはできず、毎日
　の始業時刻及び終業時刻は、右運送係の指示内容のいかんによって事実上決定さ
　れ、その報酬は、トラック協会が定める運賃表による運送料よりも 1 割 5 分低い
　額とされていたなどの事情を考慮しても、右運転手は、労働基準法及び労働者災
　害補償保険法上の労働者に当たらない。

Q29 船員に係る立替払制度の取扱い

船員に係る未払賃金の立替払いについては、他の労働者と取扱いが異なりますか。

A 船員法1条1項で定義される船員に関しては、特例が設けられ、「事実上の倒産の認定」、「未払賃金額の確認」等（法律上の倒産に係る請求書の内容の確認を含む）については地方運輸局等（地方運輸局、神戸運輸監理部、沖縄総合事務局運輸部）が行うことになっています（巻末【資料20、21】の船員法関係法令参照）。

このため、船員に係る「立替払請求書・証明書・退職所得申告書」については、機構ではなく、当該請求者に係る主たる労務管理の事務を行っていた事務所の所在地を管轄する地方運輸局等（所在地および管轄区域は、【参考】地方運輸局等一覧表参照）に提出する必要があります（未払賃金の立替払事業に係る船員の立替払賃金の請求の手続等に関する省令5条2項）。地方運輸局等においては、内容を確認の上、機構に「立替払請求書・証明書・退職所得申告書」を送付することになっています。

このように船員について一般の労働者と異なる取扱いがなされているのは、船員については、労働基準法の大部分の規定が適用除外とされていることによります（同法116条1項）。

なお、同一事業場に労働基準法の適用のある（陸上の）労働者と船員が混在している場合は、前者については機構に、後者については地方運輸局等に送付することになりますので、ご注意ください。

また、立替払金の支給についても、従来は地方社会保険事務局（現在の日本年金機構）で行われていましたが、平成22年1月1日に船員保険の一部が労災保険に統合されたことから、機構において行うことになっています。

局名	担当課	TEL FAX	住所	管轄区域
北海道 運輸局	海上安全環境部 船員労働環境・ 海技資格課	TEL:011-290-2772 FAX:011-290-1022	〒060-0042 札幌市中央区大通西10丁目 札幌第2合同庁舎	北海道
東北運 輸局	海上安全環境部 船員労働環境・ 海技資格課	TEL:022-791-7524 FAX:022-299-8884	〒983-8537 仙台市宮城野区鉄砲町1 仙台第4合同庁舎	青森県　岩手県 宮城県　秋田県 山形県　福島県
関東運 輸局	海上安全環境部 船員労働環境・ 海技資格課	TEL:045-211-7232 FAX:045-201-8794	〒231-8433 横浜市中区北仲通5-57 横浜第2合同庁舎	茨城県　栃木県 群馬県　埼玉県 千葉県　東京都 神奈川県　山梨県
北陸信 越運輸 局	海事部 船員労働環境・ 海技資格課	TEL:025-285-9159 FAX:025-285-9176	〒950-8537 新潟市中央区美咲町1-2-1 新潟美咲合同庁舎2号館	新潟県　富山県 石川県　長野県
中部運 輸局	海上安全環境部 船員労働環境・ 海技資格課	TEL:052-952-8027 FAX:052-952-8083	〒460-8528 名古屋市中区三の丸2-2-1 名古屋合同庁舎第1号館	福井県　岐阜県 静岡県　愛知県 三重県
近畿運 輸局	海上安全環境部 船員労働環境・ 海技資格課	TEL:06-6949-6434 FAX:06-6949-5203	〒540-8558 大阪市中央区大手前4-1-76 大阪合同庁舎第4号館	滋賀県　京都府 大阪府　奈良県 和歌山県
神戸運 輸監理 部	海上安全環境部 船員労働環境・ 海技資格課	TEL:078-321-7053 FAX:078-321-7028	〒650-0042 神戸市中央区波止場町1-1 神戸第2地方合同庁舎	兵庫県
中国運 輸局	海上安全環境部 船員労働環境・ 海技資格課	TEL:082-228-8707 FAX:082-228-3468	〒730-8544 広島市中区上八丁堀6-30 広島合同庁舎4号館	鳥取県　島根県 岡山県　広島県 山口県（下関市、 宇部市、山陽小 野田市及び長門 市を除く）
四国運 輸局	海上安全環境部 船員労働環境・ 海技資格課	TEL:087-802-6831 FAX:087-802-6835	〒760-0019 高松市サンポート3-33 高松サンポート合同庁舎	徳島県　香川県 愛媛県　高知県
九州運 輸局	海上安全環境部 船員労働環境課	TEL:092-472-3175 FAX:092-472-3304	〒812-0013 福岡市博多区博多駅東 2-11-1 福岡合同庁舎新館	福岡県　佐賀県 長崎県　熊本県 大分県　宮崎県 鹿児島県　山口県 （下関市、宇部 市、山陽小野田 市及び長門市）
内閣府 沖縄総 合事務 局	運輸部 船舶船員課	TEL:098-866-1838 FAX:098-860-2236	〒900-0006 那覇市おもろまち2-1-1 那覇第2地方合同庁舎2号 館	沖縄県

（独立行政法人労働者健康安全機構ウェブサイトから）

Q30 公序良俗に反する業務従事者

公序良俗に反する違法な行為を行っていた企業が倒産した場合、営業等に従事していた者に係る未払賃金は立替払いの対象となりますか。

A 請求者の従事していた業務が、違法なマルチ商法やオーナー商法などの詐欺的要素が極めて強く、社会的に違法性の非常に高い商法で物品等を販売するなど、違法性の高い行為であれば、そのような行為を行わせることを目的とする労働契約自体が公序良俗に反して無効と解され、賃金請求権も発生しない場合が多いものと考えられます。

なお、企業自体が違法な行為を行っていた場合であっても、当該行為に関与していない者（事務補助、清掃など）については、労働契約は有効で、賃金が未払いであれば立替払制度の対象となるものと考えられます。

第 **6** 章
退職日に係る要件

Q31　退職日に係る要件

基準退職日に係る要件について、留意すべき事項はどのようなことでしょうか。

A 　退職日に係る要件については、法律上の倒産手続に係る場合にあっては、「当該事業主につきされた破産手続開始等の申立て（中略）のうち最初の破産手続開始等の申立てがあった日」の6カ月前から2年間に当該事業を退職した労働者と規定されています（賃確令3条1号。なお、同条に規定する期間内にした当該事業からの退職の日（当該退職日が2つ以上ある場合はこれらのうち最初の退職の日）を「基準退職日」というものと定義されています（賃確令4条1項1号））。

　したがって、労働者の基準退職日が、最初の破産手続開始等の申立てがあった日の6カ月前から2年間であることを確認する必要があります（【参考】退職日要件について参照。この点、退職時期確認の際の留意点につきQ32を、破産申立てまでに時間を要する場合の元従業員の対処法につきQ80参照）。

　なお、再生手続開始が決定された後に破産手続開始決定が行われた場合については、Q33を参照してください。

【参考】退職日要件について

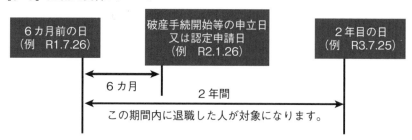

Q32 退職時期確認の際の留意点

破産管財人として、退職時期を確認する際に留意すべき点はどのような点でしょうか。

A 退職日がいつかは、未払賃金立替払制度の対象となるかを確認する上で重要で、事業停止時に即時解雇されているかを確認するには、従業員が解雇を受け入れていたか、雇用保険（失業保険）の離職証明書や社会保険の資格喪失届出における退職日がいつかを確認し（解雇予告手当の支給がなかった場合であっても、従業員が即時解雇を受け入れ、これらの各種手続が行われている事案がほとんどです。なお、即時解雇の際の留意点につき**Q15**参照）、破産管財人としては、この退職日を前提とすることになります（**Q78**参照）。

立替払いの対象となる労働者は、破産手続開始等の申立てがあった日の6カ月前から2年間に退職した者となりますので（**Q31**参照）、事業停止時に即時解雇され、その後、破産手続開始申立てに手間取っていると立替払いを受けられない事態となる可能性があります（その際の元従業員の対処法については、**Q80**参照）。また、倒産前に退職していた場合でも、前述の期間内は立替払いの対象者となります（退職事由については、自己都合か事業主（会社）都合であるかは問いません）。ただ、6カ月の期間制限にはさらに注意が必要です（破産管財人よりも申立代理人として注意が必要でしょう）。

なお、破産手続で財団債権となる未払給料は破産手続開始前3カ月間（3カ月分ではありません）のものですから（破産法149条1項。**Q97**参照）、さらに短いので、注意が必要です。これらの点は、申立代理人として特に注意が必要です。

Q33 民事再生から破産に移行した場合の対象者

再生手続（または更生手続）の開始決定があった後に破産手続に移行した場合、いつからいつまでに退職した労働者が立替払いの対象となるのでしょうか。

A 立替払いの対象となる労働者の基準退職日の起算日については、「再生手続（または更生手続）開始決定」と「破産手続開始決定」の「基礎となった事実」（賃確令3条1号かっこ書）が同じ場合は、先行する再生手続開始の申立日が起算日となります。

再生手続開始申立てが行われたが再生手続開始決定に至らないまま破産手続に移行した場合や、再生手続開始決定があったものの時日を経ず破産手続に移行した場合は、「基礎となった事実が同じ」ものと考えられます。

一方、再建型の倒産事由（再生手続開始決定、更生手続開始決定）に該当してから相当期間経過後に清算型の倒産事由（破産手続開始決定、特別清算開始命令）に該当した場合は、それぞれの手続の「基礎となった事実が異なる」ものとして取り扱っています。この場合、再生手続（または更生手続）開始の申立日および破産手続への移行の申立日が、それぞれ立替払いの対象となる退職時期の起算日となり、起算日の6カ月前の日から2年間に退職した者が立替払いの対象となります（【参考】再生手続開始決定から相当期間経過した後に破産手続開始決定があった場合の立替払対象者パターン1参照）。しかしながら、同一人について立替払いが認められるのは1回のみとなりますので注意が必要です（【参考】同上パターン2参照）。

なお、職権によって破産手続に移行する牽連破産（民事再生法250条、会社更生法252条）の場合は、職権による破産手続開始決定があった日が破産手続に関する起算日となります（賃確令3条1号2つ目のかっこ書）。

【参考】 再生手続開始決定から相当期間経過した後に破産手続開始決定が
あった場合の立替払対象者

○ パターン１

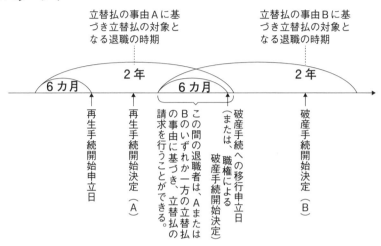

○ パターン２

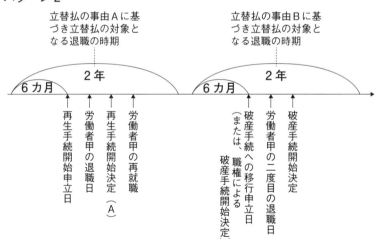

※労働者甲は、再生債務者を退職後、再生債務者に再就職し、その後の破産で二度
目の退職をしていますが、Ａの事由による立替払の適用を受けた場合には、重ね
てＢの事由による立替払の適用を受けることはできません。

Q33 民事再生から破産に移行した場合の対象者　59

Q34 牽連破産時の保全管理人と証明権者

民事再生手続中に資金繰りが厳しくなり、再生手続が廃止され、監督委員であった当職が保全管理人に選任されました。未払賃金があるので、立替払制度を利用したいのですが、保全管理人の証明で請求できるのでしょうか。

A 残念ながら、現行の制度において、再生手続廃止決定から同決定確定までの間の保全管理人（民事再生法251条1項1号、破産法91条）には証明権限が定められておりませんので（賃確則12条1号柱書、17条2項参照。民事再生では「再生債務者等」、すなわち再生債務者（の代表者）または管財人が、破産では破産管財人が証明権者となります。Q1の【参考】法律上の倒産の場合の証明者参照)、未払賃金の証明はできません。保全管理命令により従前の再生債務者代表者も権限を失っていますので、証明権限がありません。したがって、保全管理人の証明では立替払いの請求はできません（立法的な手当が必要と考えます）。

なお、再生手続廃止決定の確定を待つ間の約1カ月間が保全管理期間となりますが、この間は、労働基準監督署長の確認のルートしかないことになります（Q69参照）。

その後に破産手続開始決定がなされれば、同時に選任される破産管財人が未払賃金の証明を行えます。通常、保全管理人がそのまま破産管財人に選任されることが多いので、保全管理人としては、保全管理期間中に未払賃金の証明の準備をしておくことになります。

この点を逆にいえば、民事再生の申立代理人としては、再生手続廃止決定までの間に、再生債務者の証明による立替払請求ができるよう手配しておいたほうが早期に立替払いを受けることができることになります（ただ、解雇の時期と廃止決定の時期との関係で事実上難しい場合もあります）。

第 7 章

定期賃金に係る要件

Q35　定期賃金の証明

定期賃金の未払いに関する証明にあたって、留意すべき事項はどのようなことでしょうか。

A 平成23年1月に明らかとなった暴力団関係者による詐欺事件は、建設業を営んでいた会社が、破産に至り、未払賃金が発生したとして請求がなされたものですが、実際には事業活動も全く行われていなかった事案です（事案の概要は、Q85参照）。このような事案以外にも、賃金未払いは発生しているものの、未払期間を実際より長期であったと装うもの、定期賃金の額を実際より高く請求するもの、賃金の一部支払を隠蔽するものなどの水増し事例が認められるようです。

したがって、不正な請求を防止するためには、当事者の説明や当事者の作成した賃金台帳等の書類を、何らかの客観的な資料によって確認することが欠かせません。

具体的には、賃金の口座振込が行われている場合は振り込まれていた預金口座の記録（預金通帳）等によって賃金額および振込みが行われなくなった時期を、雇用保険加入者については雇用保険離職票によって賃金額および退職日を、また、口座振込が行われていない場合は当時労働者が受け取っていた給料明細書や出勤状況を記録していた手帳の写し等の客観的な資料によって、勤務記録との整合性などに照らし、当事者から提出のあった賃金台帳が従来から作成され記帳されていたものであることを確認する必要があります。

なお、賃金台帳・出勤簿等の書類がなく賃金の口座振込もなされていない、全員が社会保険や雇用保険等に加入していないなどの客観的な資料が乏しい場合であって、かつ、未払期間が長期に及んでいる場合や賃金額が高額（注）である場合は、未払額の証明にあたっては、慎重な判断が必要です（【参考1】定期賃金・基準退職日に係る証明の修正・取下げの例参照）。

機構では、賃金台帳と出勤記録（出勤簿・タイムカード）の整合性等を審査しているほか、上記のような事案については、事案の内容によりますが、事業活動期間を確認するための資料（営業日報・電話料金等の記録）や賃金額を確認するために前年度の課税証明の提出等を依頼しています。

また、「概ね4カ月以上の期間にわたって賃金が全く支払われていない場合」には労働基準監督署への相談の有無および生計維持の方法について、「定期賃金の月額が50万円を超える場合」にはその理由について、報告書の提出が依頼されることになります（【参考2】報告書例参照）。

（注）　厚生労働省「令和2年賃金構造基本統計調査」によれば、同年6月分の男性常用労働者の平均所定内給与額は、33万8800円（全国・全規模・全産業計）、同じく第9・十分位数（高いほうから全体の10分の1に該当する者の賃金）は53万500円となっています。

【参考1】定期賃金・基準退職日に係る証明の修正・取下げの例

○　労働の実態が確認できない部分が2カ月あり、客観的な資料がないため、その2カ月分の定期賃金は減額修正された。

○　最長7カ月分の定期賃金（月45万円等）が全額未払いとする請求。前年度の課税証明や未払期間の運転日誌等の提出を求めたところ、課税証明の額と整合性がなく、未払期間の稼働を示す確かな資料もないことから、労働の実態や雇用関係があったかどうかについての判断が困難であるとして取下げとなった。

○　運送業の運転手に係る時間外手当のみの請求。定期賃金は全額支払済みで、当該事業場においては、それまで時間外手当は支払われていなかった（事業主は、時間外労働に相当する手当として特別手当を支払っていたと説明）。高額（月平均60万〜100万円）であり、その算定方法にも疑義があったため、取下げとなった。

【参考2】報告書例

○　未払期間が長期に及んでいる場合

> 　未払い期間中、労働基準監督署へは労働者○○ほか3名が、賃金不払いの相談を行っている。生計については、配偶者の収入によっている。

○　定期賃金が高額である場合

> 　請求者は、○○の資格を有しており、10年以上の実務経験がある。

Q36　立替払いの対象となる定期賃金

定期賃金の未払いのうち、立替払制度の対象はどの範囲でしょうか。

A 　立替払いの対象となる未払賃金総額は、「基準退職日以前の労働に対する労働基準法24条2項本文の賃金及び基準退職日にした退職に係る退職手当であって、基準退職日の6月前の日から法第7条の（筆者注：立替払いの）請求の日の前日までの間に支払期日が到来し、当該支払期日後まだ支払われていないものの額（中略）の総額をいうものとし、当該総額が2万円未満であるものを除くものとする」（賃確令4条2項）と規定されています（【参考】立替払いの対象となる「未払賃金」の例参照）。

　また、労働基準法24条2項本文の賃金とは、毎月1回以上一定期日に支払うべきものとされているいわゆる「定期賃金」を指します。

　したがって、賞与（ボーナス）、解雇予告手当、臨時に支払われた賃金、慰労金、各種の祝い金、福利厚生上の給付金、賃金に係る遅延利息、所得税の年末調整の還付金、出張旅費や業務で使用するガソリン代・駐車料金などは、労働の対償として支払われる賃金（労働基準法11条）または定期賃金（同法24条2項本文）に当たらないため、立替払いの対象外となります。

　また、未払賃金額は、所得税や社会保険料の本人負担分その他の控除（いわゆる法定控除）を行う前の使用者が支払うべき定期賃金の総額です（なお、法定控除後の賃金額を支払った場合、法定控除分は立替払の対象とはなりません）。

　ただし、事業主の債権に基づき従業員本人負担分として労働者の同意を得て賃金から控除しているもの（社宅費、昼食費、貸付金返済金、会社製品購入代金等）は、これらを差し引いた額となります。

　休業手当は、使用者（事業主）の責に帰すべき事由により従業員を休ませた場合に、その従業員に対して支給する手当で（労働基準法26条で平均賃金の60％以上とされています。平均賃金の計算につきQ77参照）、これは労働基準法24条2項本文の賃金に該当し、事業活動停止日以前における休業手当は立替払いの対象になります。一方、事業活動停止日以降については、「不相当に高額な部分の額」に該当する場合が多く、原則として対象にはなりませんが、事業活動停止日以降においても事業主が事業再開のための活動を行って

いる具体的な事実（例えば、再建委員会の開催、金融機関に対する融資の依頼等）が存在することが明らかである場合には対象となる場合があるとされています（ただし、その期間は30日が限度です）。事業活動停止日以降の休業など休業手当の対象日、計算について疑義がある場合は機構へ相談してください。なお、注意すべき点は、「事業主の指示による」休業でも、休業手当が発生しない場合があることです。例えば、台風など自然災害で公共交通機関が使用できない場合は、不可抗力とみなされ、「使用者の責には当たらない」とされています。

　労働者が自己の労働債権を第三者から差し押さえられている場合は、企業倒産に伴う労働者の賃金請求権を実質的に補填し労働者の生活の安定に資することを目的とする立替払制度にはなじまないことから、機構では、当該部分については立替払いの対象としないこととしており、当該部分を差し引いた額が対象となります（さらに、会社の破産後に当該従業員も破産した場合の処理につき、野村剛司編著『法人破産申立て実践マニュアル〔第2版〕』38頁以下（青林書院、2020年）参照）。

【参考】立替払いの対象となる「未払賃金」の例

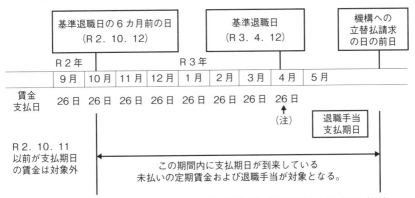

〔賃金締切日：毎月20日、支払日：当月26日、基準退職日：令和3年4月12日〕

（注）　4月分の賃金（令和3年3月21日～4月12日）は、日割計算となる（Q42参照）。

Q37　未払いの定期賃金証明の際の留意点

　破産管財人として未払いの定期賃金の証明にあたり留意すべき点はどのような点でしょうか。

 　多くの事案は、定期賃金の未払額を確認することで足りますが、不正受給事件もあり、破産者の事業性の有無についても注意すべきということになります。

　ただ、この点、破産申立ての前段階で、申立代理人が会社代表者から相談を受け、受任し、労働債権の未払いがある場合には、その旨を申立書添付の労働債権一覧表に記載しています。その申立書を前提に、破産管財人は、賃金台帳等の客観的資料をもとに会社代表者らから事情を聴いたり本店の現地確認をしたりして、労働債権の未払いを確認していることからすれば、不正受給事件（**Q85**参照）はレアケースであったと思われますが、結果的にであっても不正行為に加担してしまうことのないよう注意したいところです。

　また、客観的資料の乏しい中、定期賃金の未払額を水増ししようとしてくる事案もあるようですが、経理資料を確認することで客観的な未払額を証明するよう努めることになります。

　この点、破産会社の代表者や経理担当者には、説明義務（破産法40条。なお、破産者の従業者については、裁判所の許可が必要。同条１項５号）がありますので、誠実に対応するよう説明しておきましょう。

　客観的資料が乏しい場合には、できる限り残っている資料を集め、従業員にも過去の支給実績の資料を求めるなどして、合理的な未払額の証明を行うようにします（破産管財人としての事実認定の根拠を別途報告書に記載します）。

　また、労働審判や裁判上の和解において、解決金名目で（丸い数字で）の支払が決まったが、未払いのまま会社が破産した場合、純粋に給料や残業代で、破産管財人の証明書にその明細を記載できるものか、破産管財人としての事実認定が可能か確認を要します。なお、損害賠償請求の意味合いが含まれていると、賃金ではありませんので、立替払制度の対象とはなりません。

　このように、破産管財人の立場で証明するに際し疑問を抱いた場合は、調査の過程で機構に事前相談するのが肝要です（事前相談については、**Q11**参照）。

Q38 不相当に高額な部分（昇給、賞与、解雇予告手当の支払）

　未払期間中に賞与が支払われていた場合や昇給が行われていた場合は、どのような扱いとなりますか。

　解雇予告手当を支払った場合はどうでしょうか。

A　通常の昇給時期以外の時期や賃金未払いが発生している期間中に賃金の増額改定が行われている場合は、増額された部分は、通常支払っていた賃金の額に照らし不相当に高額な部分に該当し（賃確令4条2項、賃確則16条）、立替払いの対象外となります。

　また、賃金が未払いであった期間中等に賞与（ボーナス）が支払われていた場合も、賞与の支払が事業が正常に運営されていた時期に労働組合との労働協約等によって支給率等が明定されていた場合を除き、不相当に高額な部分に該当する可能性が高いと考えられます。

　事業主が、不相当に高額な部分に該当する内払いをした場合であっても、立替払上は、不相当に高額でない部分について内払いがあったものとして取り扱うこととなります。

　一方、解雇予告手当を支払ったために定期賃金や退職金が未払いとなったとしても、労働基準法20条に規定された解雇予告手当（即時解雇の場合は、30日分以上の平均賃金）については、不相当に高額な部分には当たりません（解雇予告手当の計算方法は、Q77参照）。

Q39 立替払対象の定期賃金等と 破産手続の労働債権

未払賃金立替払制度の対象となる未払賃金、退職金と破産手続における労働債権は同じでしょうか。

A 　未払賃金立替払制度の対象となる賃金は、退職日の6カ月前から立替払請求日の前日までに支払期日が到来している未払賃金（定期給与と退職金（賞与や解雇予告手当は含みません）。ただし、総額2万円未満のときは対象外）ですので（**Q5**参照）、範囲と期間のいずれにも制限があります。

また、破産手続開始等の申立ての6カ月前の日から2年間に退職した場合に限定されています（**Q31**参照）。

この点、破産手続における労働債権は、一部が財団債権（破産法149条）に格上げされ、その余が優先的破産債権（同法98条1項、民法306条2号、308条）となりますが（**Q97**参照）、破産手続における財団債権と優先的破産債権との区分は、未払賃金立替払制度の対象となる未払賃金の範囲とは連動していません。このため、破産管財人としては、未払賃金立替払制度が利用できる労働債権であるかの仕分けが大切となります。

この点に関連して、退職金の財団債権部分は、退職前3カ月間の給料の総額で（破産法149条2項）、破産管財人としては、破産申立ての際に解雇された元従業員だけでなく、過去の退職者に退職金の未払いがないかを確認する必要があります（**Q53**参照）。なお、退職金の消滅時効は5年間（労働基準法115条、143条3項）となります（労働債権の消滅時効につき**Q107**参照）。

Q40　立替払対象の定期賃金と破産手続上の労働債権の違い

未払賃金立替払制度の対象となる定期賃金と破産手続上の労働債権とに違いはありますか。

 期間面での違いについては**Q39**で説明したところですが、ここでは立替払いの対象となる「定期賃金」に該当するかの観点でみていきます。

　立替払いの対象となる「定期賃金」については、**Q36**のとおりです。なお、立替払請求の日の前日までに支払期日が到来している必要があるとの点については、定期賃金の締切日と支払期日との関係で、立替払請求後に通常の支払期日が到来する場合であっても、破産手続開始決定により期限の利益を喪失し（民法137条１号）、現在化（破産法103条３項）するので、要件に該当することになります。

　また、賞与（ボーナス）については、破産法149条１項における財団債権となる「給料」には賞与も含まれますが、立替払いの対象となる「定期賃金」には該当しません（実際上、経営状態の悪い中で賞与が支給されることになっていたが未払いであったという事案は多くはないでしょう。なお、**Q38**参照）。

　出張旅費等の立替費用（実費弁償）については、通常は「給料」から除かれますが、雇用契約に基づき使用者が負担すべきものですから（民法306条２号、308条）、破産手続上は優先的破産債権として取り扱われるべきです（野村剛司ほか『破産管財実践マニュアル〔第２版〕』338頁（青林書院、2013年）。**Q97**参照）。ただ、立替払いの対象となる「定期賃金」ではないので、注意を要します（申立代理人としては、可能な限り申立て前に精算を終えておきたいところです。野村剛司編著『法人破産申立て実践マニュアル〔第２版〕』37頁（青林書院、2020年）参照）。

　各種手当については、就業規則、賃金規程を確認し、労働基準法上の賃金に該当するか確認します（賃確法２条１項、労働基準法11条）。この点、家族手当、通勤手当、役付手当、住宅手当、時間外手当といった通常よくある手当は問題ないでしょうが、その名称からはわかりにくい手当など特殊な手当関係は、別途報告書でその意味するところや計算方法を説明したほうがよい

でしょう。なお、月決めの諸手当についても基準退職日までの日割計算を要することに注意が必要です（日割計算につき**Q42**参照）。

Q41　6カ月超の長期未払いの事案の留意点

定期賃金が6カ月を超えて長期間未払いとなっていた場合に、破産管財人として留意すべき点はどのような点でしょうか。

A　立替払いの対象となる未払期間につき、退職日と支払期日を基準に6カ月の判断を行うことになる点はQ36のとおりですが、このような長期間の未払いの場合には、機構から、破産管財人に対し、この間労働者が無収入だったかの調査依頼があります（Q35参照）。

この点、中小企業の代表者の親族が従業員の場合（当然、労働者性が認められる場合を前提とします。Q24、Q25参照）で、他の従業員には給料を支払うが、資金繰りとの関係で親族には毎月一部を支払うのみで、未払いが累積していたという場合が多いでしょう。

証明書には、立替払いの対象となる期間分の未払額が記載されるのみで、毎月の一部支払が過去の未払いに充当されたことは明らかになっていません。

そこで、破産管財人としては、別途報告書を作成し、この事情を説明したほうがよいでしょう。

Q42　日割計算

基準退職日が賃金計算期間の途中の場合は、未払賃金額は、どのように計算するのでしょうか。

A 　基準退職日が賃金計算期間の途中に当たる場合は、立替払いの対象となる賃金は基準退職日前の労働に対する賃金であることから、月決めの基本給（月給）や月決めの諸手当については、基準退職日までの賃金を日割で計算する必要があります。

　日割計算の方法については、就業規則等に定めがある場合はその定めによりますが、特段の定めがない場合は、当該月決めの賃金（基本給および諸手当）を月の所定労働日数で除し、就労した実労働日数を乗じます。なお、月によって所定労働日数が異なる場合は、原則は1年間の月平均所定労働日数によることになりますが、月平均所定労働日数の確認が困難な場合は当該月の所定労働日数で差し支えないものとして取り扱われています。

　さらに、当該月の労働者ごとの実労働日数が不明な場合は、「基準退職日までの暦日数／賃金計算期間の暦日数」で計算して、差し支えないものとして取り扱われています（巻末【資料2】未払賃金立替払いに係る提出依頼資料2〔日割計算の方法〕参照）。

　なお、立替払額は、未払賃金総額（または、基準退職日における年齢に応じて定められている上限額）の8割ですが、8割を乗じた額に1円未満の端数が生じた場合は、切捨てとなりますので、注意を要します（国等の債権債務等の金額の端数計算に関する法律2条1項）。

Q43 未払いの時間外手当

今まで残業手当（時間外手当）が支払われていなかった事業場において、労働者から時間外労働を行っており時間外労働の割増手当が未払いであるとの申出があった場合は、どのように対応すべきでしょうか。

A 時間外労働が行われていた時間数や業務の内容等に関する事実関係を確認する必要があります。

具体的には、タイムカードや出勤簿、警備会社の施錠記録、営業日報、パソコンのログアウト時刻等の客観的な資料によって、時間外労働が行われていた事実関係について、確認を行うことができます。

つぎに、労働基準法では、農業・水産業の従事者、管理監督者、監視断続労働に従事する者については、労働時間に関する規定の適用が除外されており（同法41条）、また、事業場外労働であって労働時間を算定しがたい場合や裁量労働従事者などに対するみなし労働時間制（同法38条の2、38条の3、38条の4）等の規定に該当する場合は、特例的な取扱いがあるので、これらの規定の適用の有無について、確認が必要です。

また、労働基準法所定の計算方法による割増賃金に代えて一定額の手当を支払うことも、法定の計算額を下回らない限りは適法とされていますので（菅野和夫『労働法〔第12版〕』521頁（弘文堂、2019年）、【参考】定額の時間外労働に対する手当の支払に関する裁判例参照）、これらの手当の有無についても確認が必要です。

なお、なかには時間外手当以外の賃金の未払いがない場合に高額の時間外手当のみが請求される事例がありますが、倒産時のセーフティネットとしての立替払制度の趣旨に照らして、慎重な判断が望まれます（Q35【参考1】定期賃金・基準退職日に係る証明の修正・取下げの例参照）。

機構では、従前から所定労働時間を超える勤務に対して時間外手当が支払われていない事業主について時間外手当等に関する証明を行われる場合は、時間外労働の事実が確認できる資料と、時間外労働の際に従事していた具体的な仕事の内容と時間外労働の時間を特定した方法および労働基準法の適用除外や特例の該当の有無について報告書の提出を求めています。

【参考】定額の時間外労働に対する手当の支払に関する裁判例

○　関西ソニー販売事件（大阪地判昭63.10.26労働判例530号40頁）要旨

　労働基準法37条は（中略）同条所定の計算方法を用いることまでは要しないので、その支払額が法所定の計算方法による割増賃金額を上回る以上、割増賃金として一定額を支払うことも許されるが、現実の労働時間によって計算した割増賃金額が右一定額を上回っている場合には、労働者は使用者に対しその差額の支払を請求することができる。

（中略）１か月間における実際の所定時間外労働に対応する賃金とセールス手当の額を比較し、前者が後者を上回っているときはその差額を請求できると解するのが相当である。

○　三好屋商店事件（東京地判昭63．5．27労働判例519号59頁）要旨

　一定の手当を支払うことによって時間外割増賃金の支払いに替えることも、結果において割増賃金の額が法定額を下回らないように確保されている場合まで、これを敢えて本条（筆者注：労働基準法37条）違反とする必要はないであろう。しかし、割増賃金の額が法定額を下回っているかどうかが具体的に後から計算によって確認できないような場合には、そのような方法による割増賃金の支払いは本条の趣旨に反していることが明らかであるから無効と解するのが相当である。

Q44　最低賃金

請求者の賃金が最低賃金を下回っている場合に、未払賃金額を最低賃金額で計算し請求することはできますか。

A　最低賃金未満の賃金を定める労働契約は賃金額を定める部分については無効で、この場合は最低賃金額によることとされていますので（最低賃金法4条）、使用者が当該労働者に関して「減額特例の許可」を受けているときを除き、最低賃金額で計算した未払賃金が立替払いの対象となります。

　現在、最低賃金は、都道府県ごとに、当該地域内のすべての使用者と労働者に適用される「地域別最低賃金」（厚生労働省のウェブサイト参照）（同法9条、18条）と、当該地域内の特定の業種の使用者と労働者に適用される「特定（産業別）最低賃金」（各都道府県労働局のウェブサイト参照）（同法15条）の2種類が決定されています。

　したがって、労働者によっては、地域別最低賃金と特定（産業別）最低賃金の両方が適用される場合があり、この場合は高いほうの最低賃金が実質的な効力を有することとなります（同法6条）。なお、派遣中の労働者については、派遣先の事業場が所在する地域および業種の最低賃金が適用されます（同法13条）。

　また、最低賃金は、原則として毎年1回改正され、概ね10月頃から新しい最低賃金額の効力が発生しますので、その都度確認します。

　つぎに、「減額特例の許可」は、「精神又は身体の障害により著しく労働能力の低い者」などについて、使用者の申請に基づき都道府県労働局長が許可を行う制度で、許可を受けている場合は許可により減額された額以上の賃金額の支払義務が生じることとなります（同法7条）。

Q45 年次有給休暇取得日の取扱い

事業活動の停止後、年次有給休暇を取得した場合、年次有給休暇手当は、立替払いの対象となるでしょうか。

A 退職の事実が発生している場合（他に就職している場合や失業給付の手続を行っている場合、解雇予告手当が支払われている場合）は、退職日以降に年次有給休暇を取得することはできないので、立替払いの対象とはなりません。

また、未消化の年次有給休暇の買取規定がある場合であっても、当該買取りは、定期賃金にも退職手当にも当たらないため、立替払いの対象とはなりません。

これに対し、事業活動の停止後であっても、退職の事実や解雇の効力が発生していない間（解雇予告後最長30日間）に、年次有給休暇を取得する権利を有する労働者（6カ月以上継続勤務し、全労働日の8割以上出勤していることなどの労働基準法39条の要件を満たす者）から年次有給休暇取得の申出（時季の指定）があり、かつ、使用者が時季変更権を行使せずに年次有給休暇が取得された場合は、当該有給休暇取得日または時間に対する手当は、労働基準法24条2項本文の定期賃金に含まれ、立替払いの対象となります。

また、年次有給休暇に係る手当として認められるには、事前に労働者から使用者へ年次有給休暇取得の申出がなされていたことが必要で、退職時に未消化の年次有給休暇があったとしても、遡及して就労していない日を年次有給休暇扱いとすることはできません。

なお、事業活動の停止日以降については、雇用関係があったとしても休業期間となっていれば、年次有給休暇を取得する余地はありません。

Q46 解雇係争者の未払賃金の取扱い

解雇が無効であるとして事業主と係争中で労働には従事していない者から、その間の賃金が未払いであるとして立替払請求があった場合は、どのように取り扱えばよいのでしょうか。

A 実際に就労していない場合は、賃金請求権が発生しないことから、立替払制度の対象とはなりません。

ただし、労働者が解雇無効を民事訴訟で争っており、当該裁判において解雇の無効と事業主が支払うべき月々の賃金額が確定している場合（事業主が行方不明で裁判に出席しないなど事実関係を争わないことにより労働者が勝訴した場合を除く）は、退職日の6カ月前の日から立替払請求の前日までの間に約定賃金支払期日が到来している賃金については、未払賃金として立替払いの対象となるものと取り扱われています。

なお、この間に当該労働者が他の職に就いていて収入（中間利益）がある場合であっても、前記の対象となる期間の未払賃金額のうち平均賃金の6割と、この額を超える当該期間中の月々の賃金額から他の職に就いて得た収入を控除した額については、立替払いの対象となります。

したがって、このようなケースについて証明を行うに際しては、確定した判決の内容及び中間利益の有無と内容を確認することが必要です（【参考1】米軍山田部隊事件要旨、【参考2】あけぼのタクシー事件要旨参照）。

【参考1】 米軍山田部隊事件要旨

（最二小判昭37．7．20民集16巻8号1656頁）

　労働者は、労働日の全労働時間を通じ使用者に対する勤務に服すべき義務を負うものであるから、使用者の責に帰すべき事由によつて解雇された労働者が解雇期間内に他の職について利益を得たときは、右の利益が副業的なものであつて解雇がなくても当然取得しうる等特段の事情がない限り、民法536条2項但書に基づき、これを使用者に償還すべきものとするのを相当とする。

　ところで、労働基準法26条が「使用者の責に帰すべき事由」による休業の場合使用者に対し平均賃金の6割以上の手当を労働者に支払うべき旨を規定し（中略）ている（中略）のは、労働者の労務給付が使用者の責に帰すべき事由によつて不能となつた場合に使用者の負担において労働者の最低生活を右の限度で保障せんとする趣旨に出たものであるから、右基準法26条の規定は、労働者が民法536条2項にいう「使用者ノ責ニ帰スヘキ事由」によつて解雇された場合にもその適用があるものというべきである。そして、（中略）その控除の限度を、特約なき限り平均賃金の4割まではなしうるが、それ以上は許さないとしたもの、と解するのを相当とする。

【参考2】 あけぼのタクシー事件要旨

（最一小判昭62．4．2判例タイムズ644号94頁）

　使用者の責めに帰すべき事由によつて解雇された労働者が解雇期間中に他の職に就いて利益を得たときは、使用者は、右労働者に解雇期間中の賃金を支払うに当たり右利益（以下「中間利益」という。）の額を賃金額から控除することができるが、右賃金額のうち労働基準法12条1項所定の平均賃金の6割に達するまでの部分については利益控除の対象とすることが禁止されているものと解するのが相当である（最二小判昭37.7.20、筆者注：【参考1】の「米軍山田部隊事件」）。

　したがつて、使用者が労働者に対して有する解雇期間中の賃金支払債務のうち平均賃金額の6割を超える部分から当該賃金の支給対象期間と時期的に対応する期間内に得た中間利益の額を控除することは許されるものと解すべきであり、右利益の額が平均賃金額の4割を超える場合には、更に平均賃金算定の基礎に算入されない賃金（労働基準法12条4項所定の賃金）の全額を対象として利益額を控除することが許されるものと解せられる。

Q47 未払定期賃金額の算定

未払いの定期賃金の額を算定するにあたって、どのような点に留意すべきでしょうか。

 立替払いの対象となる未払賃金については、「約定賃金額及びその決定計算の方法」を確認した上で、立替払いの対象となる「退職日の6カ月前以降の支払期日に係る未払賃金の額」を特定することとなります（Q59参照）。

「約定賃金額及びその決定計算の方法」に関しては、

① 賃金の決定方法
② 昇給の時期および未払期間中の昇給の有無
③ 賃金の締切り、支払日
④ 固定給の額
⑤ 出来高給の場合の算定方法
⑥ 月給・日給・時間給の別
⑦ 諸手当の種類とそれぞれの支給基準

などを、確認する必要があります。

特に、諸手当がある場合は、それぞれについてどのような場合にどのような基準で支給されるかに留意が必要です。

また、立替払いの対象となる未払賃金の算定にあたっては、退職日が賃金計算期間の途中の場合の日割計算（Q42参照）や、賃金の一部が不定期に支払われている場合に当該賃金が何月分の賃金に充当されたか（Q41、Q59参照）などに注意を要します。

第 8 章
退職金に係る要件

Q48　退職金の証明にあたっての留意点

退職金（退職手当）の未払いに関する証明にあたっては、どのようなことに留意すべきでしょうか。

A　退職金は定期賃金と異なりすべての労働者に必ず支払わなければならない賃金ではなく、退職金の支払が労働条件（広義の労働契約の内容）となっている場合にのみ支払義務が発生します（【参考１】賃金の意義参照）。

退職金を支給するか否か、いかなる基準で支給するかがもっぱら使用者の裁量に委ねられているかぎりは、任意的恩恵的給付であって、賃金ではありません（菅野和夫『労働法〔第12版〕』422頁（弘文堂、2019年）参照）。

一般的には、労働条件は、雇入れの際に個々の労働者と労働条件を取り決める狭義の労働契約のほか、労働組合との協定により労働条件を取り決める労働協約、使用者が集団的に労働条件を規律する就業規則によって、その内容が定められます。また、慣行が成立していると認められる場合は、当該慣行も労働条件の一部となります。

しかしながら、退職金については、同一の類型に属する労働者（正社員、嘱託職員、パートタイム労働者など）ごとに、集団的に一律の基準が設けられること、および、長期間の運用を前提としていることから、個々の労働者ごとに労働条件を取り決める（狭義の）労働契約や、労働組合法によって有効期限が定められている労働協約ではなく、就業規則（その付属規定である退職金規程等）によって定められることが一般的です（退職金に関する事項が労働組合との合意によって定められた場合であっても、通常は、当該合意内容に沿って就業規則の改定が行われます）。

労働者と使用者が労働契約を締結する場合に、使用者が合理的な労働条件が定められている就業規則を労働者に周知させていた場合には、労働契約の内容は、就業規則で定める労働条件によるものとされています。

したがって、退職金の証明に際しては、当該会社に退職金規程があり、当該退職金規程が労働者に周知され労働契約の内容となっていたか（具体的には退職金制度が運用されていたか）を確認する必要があります（【参考２】退職

金に係る証明が取り下げられた例、Q49参照）。

　また、事業活動に支障が生じた時期以降に、就業規則などの改定によって退職金制度を新たに設けたり退職金が増額されたりした場合、増額された部分は、不相当に高額な部分（賃確令4条2項、賃確則16条）に該当し立替払いの対象外となります。

【参考1】「賃金の意義」労働省労働次官通達（抄）（昭22．9．13発基17号）

（三）労働協約、就業規則、労働契約等によって予め支給条件が明確である場合の退職手当は法11条の賃金であり、法24条2項の「臨時の賃金等」に当たる。

【参考2】退職金に係る証明が取り下げられた例

○　退職金規程には、「常務会の決議により改廃を行う」と規定されていたが、常務取締役も常務会も実在せず不自然な内容であった（労働者数5名）。また、事業主の親族1名のみの請求であった。退職金規程の有効性を確認したところ、退職金請求権の有無は不明であるとして取り下げられた。

○　雇入通知書の毎月の手当欄に「①退職金手当5000円、②以上のほかは当社就業規則による」とする記載があったが、就業規則や退職金規程は作成されておらず、退職金の支払実績等を確認していたところ、退職金請求権の有無は不明であるとして取り下げられた。

○　退職金規程の提出はあったが、規程に沿った運用がなされておらず（会社の状況に応じて5万～10万円程度支払っていた）、当該規程は有効と解することは難しいとして取り下げられた。

○　退職金規程について、意見聴取、届出、周知、支払実績等について確認したところ、破産会社の代表者は労働基準監督署に届け出たと陳述していたが届出がなかったことなどから、事実確認ができないとして取り下げられた。

○　退職金規程では、退職金は全額社外積立の適格年金から支給することになっていた。また、同規程は、事業譲渡前の旧会社のものであった。破産会社（事業譲受会社）が同規程を継承しているか等を確認したところ、過去の退職者への支給実績もないことから取り下げられた。

Q49 退職金に関する確認事項

退職金制度の有無について、どのようなことを確認する必要がありますか。

近年、全く関係のない他の会社の退職金規程や市販されているモデル退職金規程を、当該破産会社の退職金規程であると偽って、退職金を請求する事例が散見されるようです。

このような事例を防止するために、当該退職金規程が、事業場を管轄する労働基準監督署に届けられていたかどうかを確認する必要があります。

労働基準監督署への届出は就業規則の有効性の要件ではなく、また、常時10人未満の労働者を使用する事業場には作成届出の義務はありませんが、当該会社によって作成された客観的な証拠となるものであり、不正請求の防止の観点から確認したほうがよいでしょう。

なお、労働基準監督署に届け出られていたとしても、建設業の場合には、公共事業などの入札資格要件を取得することを目的として退職金規程を作成し労働基準監督署へ届出を行っているものの、実際には当該退職金規程が労働者には全く知らされず周知も運用もされていない例も認められるようです。

したがって、退職金が労働契約の内容となっていたか否かは、過去の退職者に当該退職金規程に従って計算した退職金が支払われていたかどうか、すなわち支給実績を確認することが最も確実な方法で、機構でも重視しています。

なお、退職金規程には、①自己都合と会社都合により異なった支給率、②退職金を支給する労働者の類型（「正職員に適用する」「パート、嘱託は除く」など）、③退職金の支払期日、④退職金規程の施行日（改正日を含む）、⑤根拠となる就業規則の条文（「就業規則第○○条の規定に基づきこの規定により退職金を支給する」）などが記載されるのが通例であり、これらの規定を欠く退職金規程（特に会社都合と自己都合の区別がないもの）については、その有効性について慎重な判断が必要となります。

　破産管財人として、未払いの退職金を把握する際に留意すべき点はどのような点でしょうか。

　　　　　破産管財人として最初に確認するのは退職金制度の有無です。退職金制度があるのであれば、まずは退職金規程の内容を確認する必要があります。

　この点、**Q49**にあるように、他社の退職金規程を自社のものであるかのように装っている等の問題点が指摘されていますので、破産者の有効な退職金規程であるか確認する作業が必要となります。その際、労働基準監督署に届出されているかも確認点とはなりますが、退職金規程の有効性に影響するものではありません。

　退職金規程がある場合は、その規程に従い計算することになりますが、事業停止に伴う解雇の場合は会社都合の退職として計算をすることになります。それ以前の退職者の場合、自己都合の退職が多いでしょうが、整理解雇のように会社都合となる場合もありますので、退職理由を確認します。退職金支給の対象者であるか、支給までの在職年数（例えば3年）等も確認します。また、定年退職後に契約社員や嘱託職員となっていたが、定年退職時には退職金の支給はなく、最終的な退職時に支給することになっていた場合もありますので、事情を確認する必要があるでしょう（**Q56**参照）。

　なお、退職金規程上、単純な計算式だけでなく、裁量により増額の余地がある場合、破産管財人としてその増額要素を判断することは難しいのではないかと思われます。

　元従業員に退職金担保で貸し付けていた場合、相殺処理をした残額が未払退職金となりますので、従業員貸付の有無、貸付をしていた場合の貸付額を確認する必要があり、その旨元従業員に伝えておきましょう（**Q79**参照）。

　また、従業員兼務役員の場合、従業員部分につき退職金が発生することになりますので（役員部分は退職慰労金であり、破産の場合に認められることはないでしょう）、その額の確認をします。

　過去に退職金制度があり、これを廃止していた場合や減額していた場合に

は、その有効性の判断は慎重に行う必要があります。

　また、中小企業退職金共済（中退共）、建設業退職金共済（建退共）、各種基金、生命保険会社の保険等の外部の退職金制度を利用することになっている場合には、退職金として実際に事業者が負担する部分を確認する必要があります（**Q57**参照）。

　なお、未払退職金の把握については、野村剛司ほか『破産管財実践マニュアル〔第2版〕』333頁以下（青林書院、2013年）も参照してください。

　未払いの退職金額の証明にあたっては、計算根拠を明らかにするため、退職金の計算書を作成するとよいでしょう。

Q51 退職金支給実績の調査依頼があった場合の対応

破産管財人として元従業員に退職金の未払いがあると証明しましたが、機構から、退職金の支給実績があるか調査の依頼がありました。どう対応したらよいでしょうか。

A 破産管財人としては、有効な退職金規程に基づき未払いの退職金が存在すると判断し証明しているにもかかわらず、過去の退職金の支給実績の調査をしなければならないのか疑問であるとの意見もあるところですが、退職金は給料に比して多額になる場合も多く、不正受給事件もあり、破産管財人としての判断の再確認という意味で、破産管財人として可能な範囲で再調査し、過去に退職金の支給を受けた者が退職金規程に基づき退職金の支給を受けていたかの確認を行うことは大切でしょう（**Q66**、**Q67**参照）。

多くの場合、破産管財人としての判断が再確認され、その旨の報告書を提出することで足ります。場合によっては、さらなる調査が必要となりますが、それは、破産管財人の証明が立替払いの要件を充足しているかの再検討の機会となると理解するとよいでしょう。

その作業の中で、未払賃金立替払制度の対象外となる過去の退職者につき、退職金の未払いが判明することもあります（破産手続においては、財団債権となる可能性があります。**Q39**参照）。

なお、証明を取り下げる場合については、**Q70**を参照してください。

Q52 退職金制度の有無に関する具体的な確認方法

退職金制度があったとする具体的な確認方法は、どのような方法がありますか。

A 　労働基準監督署への退職金規程の届出が確認できない場合（受付印のある退職金規程が会社に保存されておらず、かつ、労働基準監督署に問い合わせても書類の保存年限の関係等で届出の有無自体や届け出られた退職金規程の現物が確認できない場合）は、過去の退職者に当該退職金規程に基づいて計算された退職金が支払われていたことを、退職金の支給実績を示す資料によって、確認する必要があります。具体的には、過去の退職者への退職金支払時の計算書、経理関係帳簿上の退職金の支出を示す記載、退職金の振込記録、退職手当の税務申告の記録等を確認することなどが考えられます。

また、当該退職金規程が施行された時期以降に退職者が発生していない場合や、退職者がいても退職金が支払われたことが確認できない場合は、何らかの客観的な資料によって、退職金制度が運用されていたことを確認することが必要です。具体的には、各期の決算書等への退職金引当金の計上の有無、ハローワークへの求人にあたっての退職金制度に関する記載（求人票の退職金欄は制度ありとなっていたか）、雇入通知書の退職金制度に関する記載等を確認することなどが考えられます。

なお、退職金規程が労働基準監督署に届け出られていない場合は、退職金制度の存在に関する報告書の提出が求められます（【参考】報告書例参照）。

【参考】報告書例

> 　労働基準監督署への退職金規程の届出の事実は確認できなかったが、○○年の退職者○○氏、○○年の退職者○○氏について、別添計算書のとおり退職金規程に定める基準による退職金が支給されていることを確認した。

Q53 退職金制度があるが支給実績がなかった場合の対応

退職金制度がありますが、過去に支給実績がなかった場合、破産管財人として未払退職金の証明を行わないほうがよいでしょうか。

A 退職金制度があり、退職金規程も存在するが、資金繰りが苦しく近年は退職金を支給できていなかったという事案もあります。その場合に、過去の支給実績が確認できないからといって、退職金を支給しなくてもよいというものではなく、退職金が未払いであるとの理解で未払退職金の証明を行うことになります。

当然のことながら、過去に退職者がおらず、事業停止時の解雇が最初の退職者であれば、退職金規程に従うことになります。

なお、過去に退職金を支給すべきところ支給していなかったという事案の場合は、立替払いの対象期間を超えていて、未払賃金立替払制度を利用できないとしても、破産手続においては、退職金債権が消滅時効（5年間。**Q107**参照）にかからない限り、財団債権と優先的破産債権になりますので、破産管財人としては、その存在の確認を行う必要があります（**Q39**参照）。

Q54　退職金に関する慣行・約束

退職金規程がなくても、慣行で退職金を支払っている場合があるのではないでしょうか。

また、退職金規程がないものの、退職金を支払うとの約束や雇用契約が行われていた場合は、どうでしょうか。

 　　退職金については、Q48で説明したように集団的な処理および長期の運用という性質を有する労働条件であることに加え、退職金制度を安定的に運用するためには、比較的高額な資金を要します。

したがって、退職金に関しては、口頭による慣行が成立することは考え難いところです。

たまたま会社に顕著な貢献をした労働者が退職したときに事業主の裁量で退職慰労金的な性格の金員が支払われることがあったとしても、過去のほぼすべての退職者に退職金が支給されていなければ慣行が成立していたとは認められません。したがって、慣行が成立するためには、労働基準法で定める要件を備えた就業規則ではなくても、少なくとも支給基準（計算の基礎となる賃金と年数および退職事由に応じた係数など）について「紙に書いたもの」の存在が必要であると機構では考えられています。

また、Q48で説明したとおり、就業規則以外（労働者が10人未満の場合に、同一の類型に属する労働者に共通して適用される退職金に関する定めがある場合を除く）で退職金に関する労働条件を定めることは、考え難いところです。就業規則以外のものを根拠とする退職金の請求については、そのような方法をとった合理的な理由と、当事者の主張以外で退職金に関する慣行などの存在を裏付ける客観的な資料があるかについて、慎重な確認と判断が必要となります。

Q55 退職金規程はないが支給実績があった場合の対応

退職金規程は存在しませんが、元従業員から、過去に退職金の支給を受けた者がおり、自分にも退職金が支給されるはずであるとの主張を受けた場合、破産管財人として証明してよいでしょうか。

A 破産管財人の証明は、破産管財人として、元従業員に退職金請求権があるか実質的に事実認定を行うことになりますので、心証形成ができるだけの客観的資料や関係者からの説明を受けることができるかにかかってきます。破産管財人としては慎重に調査をする必要があるところです。

退職金規程としてまとまったものはないが、確立された労使慣行があるという関係者の説明の場合であれば、その労使慣行が何かを表す客観的資料を求めることになります。過去に労使慣行による支給実績があれば、過去の退職者ごとに退職金額を計算しているはずであり、その計算根拠を確認することになります。

この点、過去に貢献度の高い者に代表者の判断で恩恵的に退職金(のようなもの)を支給したことがあるが、他の者には支給されていないといった場合には、労使慣行があったとまではいえないでしょう。

いずれにしても、退職金規程が存在しない事案において、未払賃金立替払制度の利用を検討する際には、機構の見解を踏まえ、事前相談を行ったほうがよいでしょう(事前相談については、Q11参照)。

Q56 定年後の継続雇用者に対する退職金の支払時期

退職金規程に、定年に達した者に退職金を支払う旨の規程はあるものの、定年時に退職金が支払われないまま継続雇用されている者について、当該退職手当は立替払いの対象となりますか。

就業規則によって合理的な労働条件が定められており、かつ、当該就業規則が労働者に周知されていた場合は、労働契約の内容は当該就業規則の定める労働条件によるものとなります（労働契約法7条）。

退職手当の支払時期は、退職手当の定めをする場合においては就業規則（その一部を構成する退職金規程）において定めなくてはならない事項とされています（労働基準法89条3号の2）。

定年後継続雇用された者に関する支払時期の定めがあり、かつ、当該就業規則が周知されていれば、これによることとなります。

しかしながら、就業規則の中には、定年後継続雇用された者に対する支払時期が明確に規定されていない例も見受けられます。

この場合、継続雇用が終了した後に退職金を支払うという労使合意があった場合や、過去に定年後継続雇用された者が存在し、定年時に継続雇用されずに退職した者には退職金が支払われているのに対し、これらの者には継続雇用が終了した後に退職金が支払われていた慣行がある場合は、支払時期が変更されたものと考えられます。

したがって、これらの場合は、倒産に伴い退職した日から支払期日が起算されることとなり、立替払いの対象とされています。

なお、破産手続開始申立日等の6カ月前の日より前にすでに退職している者は、立替払いの対象となる者とはなりません（賃確令3条。Q31参照）。

Q57 退職金額の算定

退職金規程等に基づいて各労働者の退職金額を算定するにあたって、留意すべき点は、どのようなことでしょうか。

また、中小企業退職金共済（中退共）などの企業外拠出の退職金制度を採用している場合はどうでしょうか。

 退職金の支給基準等は、各企業により異なりますが、一般的には、

① 支給対象者の属性（正社員のみ、パートタイム労働者や嘱託職員は別規程など）
② 退職金が支給される退職事由（自己都合退職・懲戒解雇を除くなど）
③ 勤続期間（休職期間、1年未満の取扱い）
④ 算定基礎額（基本給のみ、資格給・職能・賃金等級別の基礎額など）
⑤ 支給率（定年、会社都合、自己都合など）
⑥ 支給期日（退職後3ヵ月以内など）
⑦ 社外積立の基準（中小企業退職金共済（中退共）に加入など）

などが、定められています。

したがって、第1に、当該者が退職金に関する定め（退職手当の定め）が適用される労働者か否かを確認する必要があります。いわゆる正社員以外の労働者については退職金の定めが適用されない場合や、正社員とは異なった定め（嘱託職員退職金規程など）が適用されることがあります。また、勤続年数や退職の事由によっても、適用されない場合がありますので、留意が必要です。

つぎに、退職金の定めが適用される労働者について、労働者ごとに勤続期間・支給率・算定基礎額などを特定し、規程に定める基準に従って算定を行うこととなりますが、年未満の勤続年数の取扱い、退職事由、役職や等級によって算定基礎額が異なる場合はその特定、社外積立や会社からの退職金の一部支払の有無などに留意する必要があります。

また、労働者が会社から貸付を受けている場合には、その相殺に関する定

めについても、確認が必要です（Q50、Q79参照）。

　ほかにも、パートタイム労働者などの退職金に関する定めがない労働者について、正社員の退職金規程に基づき請求が行われる事例（なお、退職金に関する慣行の検討については、Q54、Q55参照）、定年に達した後の再雇用の勤続年数を通算している事例（なお、定年後の継続雇用者に対する退職金の支払時期についてはQ56参照）やグループ企業内であっても、別会社へ出向していた勤務年数を「通算する」定めなく通算している事例なども見受けられるようですので、注意してください。

　退職金制度を設けている事業主で、中小企業退職金共済（中退共）などの企業外拠出の退職金制度を採用している場合は、労働協約、就業規則（退職金規程）において企業外拠出退職金制度の位置づけを確認しましょう。当該企業外拠出の退職金制度が退職金制度の一部であるときは、その制度に基づいて労働者に金銭が支払われた限りにおいて事業主の退職手当支給債務は消滅しますので、機構ではその金額確定を待って、差額について立替払いの対象とすることになります。

　なお、中小企業退職金共済（中退共）や建設業退職金共済（建退共）は、転職の際に制度を採用している企業への転職であれば、支給を受けずに引継することが可能な制度となっています。この場合は、労働者の退職時点での給付額を仮に算定し、その金額を差し引いた額が立替払いの対象となります。

第 9 章

機構の審査と
管財人の対応

Q58 機構の審査項目・機構への提出資料

機構の審査は、どのような項目について行われているのでしょうか。
証明の際にチェックすべき項目には、どのようなものがありますか。
また、機構へはどのような資料を提出すればよいのでしょうか。

A 機構は、立替払いの各要件について、提出された資料をもとに「未払賃金の立替払請求書、証明書、退職所得の受給に関する申告書・退職所得申告書」（以下「立替払請求書・証明書・退職所得申告書」といいます。巻末【資料4】参照）の記載内容の確認を行っています。

機構では、証明の際の確認事項を、「未払賃金立替払いの要件等に関するチェックリスト」（巻末【資料1】）にとりまとめていますので、参照してください。

また、立替払いの各要件を確認するためおよび立替払金に係る所得税の源泉徴収を行うために、巻末【資料2】「未払賃金立替払いに係る提出依頼資料」に示す資料の提出を求めていますので、参照してください。

さらに、提出された資料だけでは確認が困難な事項、例えば登記上の取締役や事業主の親族の労働者性、客観的な資料が乏しい場合に未払額の特定に至った経緯、退職手当の支給根拠の確認、未払いが長期に及んでいる理由などについては、証明者に判断の基礎となった事実や経緯について照会を行っています。

これらの事項や疑義が生ずるおそれのある点について、あらかじめ証明者から報告書（解説）の提出があれば迅速な支払が可能となりますので、これらの報告書を添付するとよいでしょう（【参考】機構が報告書の提出を依頼する場合の例参照）。

なお、実務上最も多くみられる不備は、「退職所得の受給に関する申告書・退職所得申告書」欄（巻末【資料4】の左下部分）の未記入です。定期賃金のみの未払いの場合も必ず記入が必要ですので（**Q81**参照）、請求者に記入するよう指導します。

さらに、中小企業退職金共済（中退共）や生命保険会社等の社外積立等から退職金の一部が支払われている場合は、「立替払請求書・証明書・退職所

得申告書」の「退職所得の受給に関する申告書・退職所得申告書」欄に記入するだけでは足りず、正規（税務署備付けの書式）の「退職所得の受給に関する申告書・退職所得申告書」（巻末【資料11】参照。なお、立替払制度においては、個人番号（マイナンバー）の記載は不要です）および退職所得等の支払者が交付した「退職所得の源泉徴収票（特別徴収票）」の写しの添付が必要となります。これらの点についても、請求者への指導を行います（Q81参照）。

　なお、中小企業退職金共済（中退共）に加入していても、実際に支払を受けていない場合（Q57参照）には正規の申告書を作成する必要はありません。その場合は証明書の備考欄に「退職金制度受給なし」と記載してください。

【参考】機構が報告書の提出を依頼する場合の例

1　労働者性に関する事項
○　登記上の取締役、監査役
　　労働基準法上の労働者性、報酬のうち賃金と認められる部分（Q22）
○　事業主の親族
　　労働基準法上の労働者性、就労実態（Q24）
○　建設請負従事者
　　労働基準法上の労働者性、就労実態（Q26）
○　在宅勤務者
　　労働基準法上の労働者性、就労実態（Q28）
○　事業場の閉鎖直前に採用された者
　　採用の経緯、事業主との関係、就労実態、社会通念上合理的理由の有無（Q21）
2　定期賃金に関する事項
○　未払額が高額（概ね月50万円以上）のもの
　　職務内容、賃金決定の経緯など（Q35）
○　未払期間が長期（概ね4カ月以上全額未払い）にわたっているもの
　　事業活動の実施状況、労働基準監督署への相談の有無など（Q35）
○　従来支給されていない時間外手当（割増賃金）の請求
　　時間外労働の実態が確認できる資料、時間外労働の際に従事していた具体的な仕事内容と時間外労働時間数を特定した方法など（Q43）

○ 不相当に高額な部分に該当するか疑義のある場合

事業活動に支障が生ずるに至った時期以降の定期賃金の改定や退職金制度の新設の有無など（Q38、Q48）

3 退職手当に関する事項

○ 労働基準監督署への退職金規程の届出がない場合

過去の退職者への支給実績、退職引当等の経理処理など（Q52）

Q59　未払賃金確認の際の留意点

破産管財人として未払賃金を確認する際に留意すべき点はどのような点でしょうか。

 破産管財人としては、未払賃金立替払制度の対象となるか否かを問わず、破産手続において未払賃金等の確認をすることは、管財業務の1つとして重要です。

申立代理人から引き継いだ賃金台帳や退職金規程等の資料（Q16参照）に基づき、代表者や経理、人事担当者等からの聴取りも踏まえ、1人ずつ未払賃金額を確認していくことになります（Q47参照）。

事業停止時の混乱の中で、どうしても賃金の計算がおろそかになっている事案もありますが、賃金額の確認は重要な業務ですから、関係者の協力を得て、未払賃金額の確認を行います。残業代がある場合、タイムカードの確認も必要となります。

なお、賃金の一部未払いが続いているような場合、毎月の一部支払部分を過去の未払いに充当していくことで、未払賃金額を確認します（Q47参照。また、6カ月超の長期未払いの事案の留意点につきQ41参照）。

解雇日との関係で、どうしても日割計算が必要となることが多いです。この点、未払賃金立替払制度の利用を考える場合には、機構の日割計算の方法（Q42参照）に従います。

Q60　元従業員への情報提供

　破産管財人として元従業員への情報提供はどのようにしたらよいでしょうか。

A　　未払いの労働債権がある元従業員は、破産手続において財団債権者や優先的破産債権者として債権者の立場になりますが（Q97参照）、破産管財人の情報提供義務（破産法86条）が定められているように（この情報提供義務は訓示的な義務ではありますが、情報提供は必要です）、他の債権者とは異なり、自らの労働債権の額を把握するための情報（資料）が不足している面があります。

　破産管財人としても、未払いの労働債権の額の把握、財団債権と優先的破産債権の仕分けを行うことは、破産手続を進めるにあたっても必要な作業となりますので、可能な範囲で積極的に調査し、未払賃金立替払制度の利用が可能な場合には、この制度の紹介も行うようにします（具体的な工夫については、Q61参照）。

Q61　スムーズな立替払いのための工夫

破産管財人として、未払賃金の立替払いをスムーズに受けられるようにするには、どうすればよいでしょうか。

A　この点は、筆者の経験に基づき行っている方法ですが、破産管財人として、未払賃金額の確認を積極的に行い、その作業の間は、元従業員からの債権届出等を待ってもらいます（破産管財人が労働債権の調査を行い、未払賃金立替払制度を利用する事案かの見極めを行うので破産管財人からの連絡を待ってもらいたい旨の通知をしておくのです。野村剛司ほか『破産管財実践マニュアル〔第2版〕』339頁、586頁（青林書院、2013年）参照）。

未払賃金立替払制度を利用する場合には、破産管財人として確認できた未払賃金額を提示し、その額で争いがなければ、立替払請求書の書き方も指導します（具体的に元従業員本人が記入（署名）すべき箇所を指示します。債権届出が必要な場合は、その作成の指導も行います。なお、裁判所の和解許可（破産法78条2項11号）による弁済が可能な場合、債権届出を要しません（**Q94**参照））。破産管財人において請求書をとりまとめた上、破産管財人としての証明印を押印して証明書を完成させ、計算根拠を明らかにした計算書や事情の説明が必要な場合の報告書を添付の上、機構にまとめて申請しています（人数が多い場合は、何回かに分けて申請しています）。

このような作業は、一見手間がかかるように思われるかもしれませんが、元従業員にすべて委ねた場合の後日の個別対応を考えると、実はスムーズに進めることができています。

なお、この方法は、元従業員が破産管財人の把握した労働債権につき了承している場合に有用です。不服のある場合は、原則どおり、元従業員に権利行使をしてもらうしかありません（破産管財人としても、未払賃金額の証明ができない事態となります）。

Q62 破産管財人と申立代理人の役割分担

　未払賃金の証明にあたり、破産管財人と申立代理人で役割分担をしたほうがよいでしょうか。

A　破産申立ての際に、申立代理人は従業員の解雇に伴う諸手続を行うようにしていますので（**Q78**参照）、その一環として、未払賃金額の確認をし、証明書の案を作成し、破産管財人がそれを確認の上で証明するという手順で行うこともあります（地域によっては、この方法が推奨されているようです）。

　ただ、未払賃金の証明は、あくまで破産管財人が行うもので、申立代理人側で証明書の案を作成してもらえたとしても、破産管財人としての調査を行った上で証明書を作成すべきであって、申立代理人からは、未払賃金をまとめた電子データや賃金台帳等の客観的資料の引継ぎを受け、破産管財人がその後の作業を行うほうが結果的には合理的ではないかと思われます。

　なお、申立代理人側で証明書の案を作成してもらえた場合でも、破産管財人側はそれを十分に確認せずに証明印の押印をすることのないようにしてください（申立代理人と破産管財人で二重のチェックを行ったほうがよいということです）。

　以上につき、野村剛司編著『法人破産申立て実践マニュアル〔第2版〕』37頁以下（青林書院、2020年）、野村剛司編著『実践フォーラム 破産実務』84頁（青林書院、2017年）も参照してください。

Q63　請求書・証明書の提出の手順

　破産管財人が証明書を発行すれば、「立替払請求書・証明書・退職所得申告書」は請求者各人がそれぞれ機構に提出することでよいでしょうか。

A　制度上は、破産管財人等の証明者は、「立替払請求書・証明書・退職所得申告書」（巻末【資料4】参照）の右半分の「証明書」を記入押印して請求者に交付し、請求者が左半分の「立替払請求書」「退職所得申告書」を記入し、機構に送付することとなっています。

　しかし、請求者に記入を委ねると記入誤りや記入漏れが発生し、結果として支払が遅れる場合があります。証明者の側にも、機構に請求が行われているか否かの把握ができません。そこで、迅速な支払のためには、「立替払請求書・証明書・退職所得申告書」の左半分も、可能な部分は証明者側で記入するとよいでしょう（「立替払請求書」と「退職所得申告書」の氏名の記入を除く）。

　また、賃金が口座振込によって支払われていた場合は、「振込先金融機関の指定」欄に当該振込に使用されていた金融機関の口座名を記入することが、振込みが行えないという事態の防止に有効です（なお、振込先の口座は、請求者本人名義のものに限られます）。したがって、これらの記載を行った「立替払請求書・証明書・退職所得申告書」の下書き（証明者の職印を押印していないもの）を請求者に送付し、請求者が記載内容を確認し署名したものを証明者に返送させた上で、証明者の職印を押印し写しを保管の上、機構に送付するとよいでしょう（請求、証明の流れについては【参考1】、請求者への送付文例については【参考2】を参照）。

　なお、まれに、機構の立替払金の支払と労働者への配当が二重に行われ過払いとなった例があるようですので、証明内容を記録しておきましょう。

　また、請求者が多数（概ね100名以上）に及ぶ場合は、機構から管財人事務所等におもむき、破産会社の労務・経理担当者も含めて、立替払いの各要件の該当性の有無、未払賃金額の確認、請求のスケジュールなどについて事前調整を行っていますので、利用するとよいでしょう（巻末【資料9】破産管財人等の証明の手引き（表紙）参照）。

【参考1】 立替払請求書・証明書の作成の流れ

破産管財人が記入

（注：証明者側で、労働者名簿等により、住所・給与振込先・勤続年数等を把握している場合を想定）

○ 「証明書」の記入　（破産管財人の職印は、押印しない）

○ 「未払賃金立替払請求書」の記入

　　「請求者」欄

　　　　フリガナ、男女、生年月日、郵便番号、現住所、立替払請求金額、電話番号

　　「振込先金融機関の指定」

　　　　金融機関名、金融機関の種類、フリガナ、本支店名、本支店番号、普通預金口座番号、フリガナ、口座名義人

○ 「退職所得の受給に関する申告書・退職所得申告書」の記入

　　　　年分（立替払金の支払年）、退職年月日、勤続期間（自　年月日、至　年月日、年（1年未満切上げ））、退職した年の1月1日現在の住所（現住所と同じ場合は、「現住所と同じ」と記載）、障害者となったことにより退職した事実の有無（通常は、「無」に○印）、非居住者の場合は国籍・入国年月日（非居住者については、Q82参照）

⬇ 《破産管財人→請求者へ送付》

請求者が記入

○ 「未払賃金立替払請求書」の記入

　　「請求者」欄　　氏名（署名または記名）、請求年月日

　　「振込先金融機関の指定」（証明者側の記入がない場合）

○ 「退職所得の受給に関する申告書・退職所得申告書」の記入

　　　　氏名

　　※　社外積立等他からの退職金の支払がある場合は、税務署備付の「退職所得の受給に関する申告書・退職所得申告書」及び「源泉徴収票」（写）の添付が必要（Q81参照）

⬇ 《請求者→破産管財人へ送付》

破産管財人が確認

○ 「未払賃金立替払請求書」「退職所得の受給に関する申告書・退職所得申告書」の記載内容の確認

○ 「証明書」への破産管財人の職印の押印、証明年月日の記入

○ 「請求書・証明書」のコピーの作成・保管

⬇ 《破産管財人→機構へ送付》

機構が受理

【参考２】破産管財人から請求者への送付文書の例

（住所・フリガナ・男女別・振込先口座等が判明している場合の例）

令和　年　月　日

株式会社　○　○　○
　元従業員　各位

　　　　　　　　　　〒　－
　　　　　　　　　　○○○　法律事務所
　　　　　　　　　　破産管財人弁護士　　○○　○○
　　　　　　　　　　　　（担当事務　　○○　）
　　　　　　　　　TEL　　　　　　FAX

ご　連　絡

　未払賃金の立替払請求書をお送りいたします。
　記載内容を確認のうえ、下記により、「未払賃金立替払請求書」欄と「退職所得の受給に関する申告書・退職所得申告書」（以下「退職所得の申告書」という。）欄に記入して、至急返送して下さい。

記

1　記入箇所は、裏面を参照して下さい。
　① 「未払賃金立替払請求書」の氏名欄に署名して下さい。
　また、請求年月日を記入して下さい。
　② 「立替払金振込先金融機関の指定」の欄に印字されていない方は、振込先を記入して下さい。
　請求者本人の普通預金口座でなければ振込がなされません。
　金融機関名、支店名、支店番号、口座番号を間違えないように記入して下さい。特に支店名は、所在地の町名や通称ではなく正規の名称を記入して下さい。なお、記入誤りにより再振込となった場合には、支払いが遅れますのでご留意下さい。
　③ 下欄「退職所得の申告書」の氏名欄に署名して下さい。
　定期賃金のみの未払いの場合も記入が必要です。立替払金は、租税特別措置法によりすべて退職所得とみなされ税法上有利に取り扱われ、多くの場合非課税となります。
　記入がない場合は20.42％が課税されます。
2　返信用封筒にて至急ご返送下さい。
　管財人に到着次第、管財人証明印を押印して、独立行政法人労働者健康安全機構に送ります。
3　氏名、住所、生年月日等、記入内容に誤りがある場合はご連絡下さい。
　誤りがあった場合は、訂正印で修正できる範囲であればお願いしたいと思いますのでご連絡下さい。
　婚姻等による氏名の変更があって、証明書の氏名と異なる場合は、戸籍全部事項証明書（戸籍謄本）又は戸籍一部事項証明書（戸籍抄本）を添付して下さい。

（参考）未払賃金立替払制度について
　企業が倒産したために、賃金が支払われないまま退職した労働者に対して、事業主に代わって、その未払賃金の一部を独立行政法人労働者健康安全機構が立替払いする制度です。
　立替払いされる賃金の額は、対象となる未払賃金総額の100分の80の額です（ただし、退職時の年齢により上限額があります）。
　なお、請求後審査が行われるため、請求どおり立替払いが行われるとは限りませんので申し添えます。

（【参考２】の裏面）

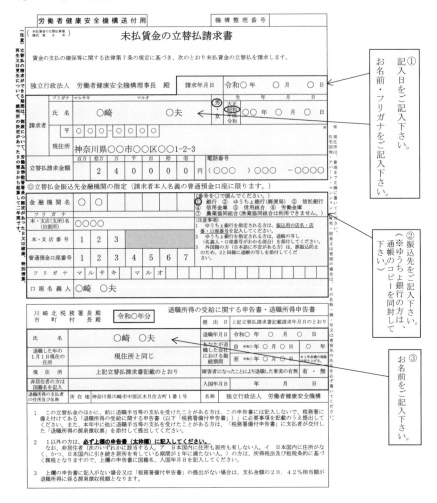

労働者健康安全機構送付用　　機構整理番号

（未払賃金の立替払事業　様式第５号）

未払賃金の立替払請求書

賃金の支払の確保等に関する法律第７条の規定に基づき、次のとおり未払賃金の立替払を請求します。

独立行政法人　労働者健康安全機構理事長　殿　　請求年月日　令和○年　　○月　　○日

請求者	フリガナ マルサキ　　　　マルオ		
	氏　名　　○崎　　　○夫	男・女	大正・昭和・平成・令和　○○年　　月　　日
	〒○○○-○○○○		
	現住所　神奈川県○○市○○区○○1-2-3		

立替払請求金額　百万 拾万 万 千 百 拾 壱　　　2 4 0 0 0 0　円　電話番号（○○○）　　　-○○○○

◎立替払金振込先金融機関の指定（請求者本人名義の普通預金口座に限ります。）

（番号を○で囲んでください。）
① 銀行　② ゆうちょ銀行（郵便局）　③ 信託銀行
④ 信用金庫　⑤ 信用組合　⑥ 労働金庫
⑦ 農業協同組合（漁業協同組合は利用できません。）

金融機関名	○○
フリガナ	
本・支店（支所）名（出張所）	○○○○
本・支店番号	1 2 3
普通預金口座番号	1 2 3 4 5 6 7
フリガナ	マルサキ　マルオ
口座名義人	○崎　○夫

〈注意事項〉
1　ゆうちょ銀行を指定される方は、振込用の店名・店番・口座番号を記入してください。
2　ゆうちょ銀行を指定される方は、通帳の写し（名義人・口座番号がわかる部分）を添付してください。
3　外国籍の方（日本語に不安がある方）は、誤振込防止のため、2と同様に通帳の写しを添付してください。

退職所得の受給に関する申告書・退職所得申告書

川崎北税務署長殿　　令和○年分
市　町　村　長殿

提　出　日　上記立替払請求書記載請求年月日のとおり

氏　名	○崎　○夫
退職した年の1月1日現在の住所	現住所と同じ
現　住　所	上記立替払請求書記載のとおり
非居住者の方は国籍等を記入	
退職所得の支払者の住所及び名称	所在地　神奈川県川崎市中原区木月住吉町1番1号　　名称　独立行政法人　労働者健康安全機構

退職年月日　令和○年　○月　○日
あなたが退職した会社における勤続期間　自 ○年 ○月 ○日　至 ○年 ○月 ○日　※1年未満の端数は切上げる。
障害者になったことにより退職した事実の有無　有・無
入社年月日　　年　　月　　日

1　この立替払金のほかに、前に退職手当等の支払を受けたことがある方は、この申告書には記入しないで、税務署に備え付けてある「退職所得の受給に関する申告書（以下「税務署備付申告書」）」に必要事項を記載のうえ提出してください。また、本年中に他に退職手当等の支払を受けたことがある方は、「税務署備付申告書」に支払者が交付した「退職所得の源泉徴収票」を添付して提出してください。

2　**1以外の方は、必ず上欄の申告書（太枠内）に記入してください。**
なお、非居住者（次のいずれかに該当する人。ア　日本国内に住所も居所も有しない人。イ　日本国内に住所がなく、かつ、日本国内に引き続き居所を有している期間が１年に満たない人。）の方は、所得税法又は租税条約に基づき課税となりますので、上欄の申告書に国籍を、入国年月日を記入してください。

3　上欄の申告書に記入がない場合又は「税務署備付申告書」の提出がない場合は、支払金額の20.42％相当額が退職所得に係る源泉徴収税額となります。

（右側注釈・縦書き）

〔注意〕立替払の請求ができる期間は、倒産について裁判所の決定があった日の翌日から起算して二年間です。この期間があっても破産、特別清算、再生又は更生手続開始について、裁判所の決定があった日の翌日から起算して二年間です。

①記入日をご記入下さい。お名前・フリガナをご記入下さい。

※現住所は、番地まで正確に書いてください。住宅団地・アパート・マンション・宅・間借り又は寄宿の場合は、その名称・棟・号室又は号まで書いてください。

②振込先をご記入下さい。（※ゆうちょ銀行の方は、通帳のコピーを同封して下さい。）

③お名前をご記入下さい。

Q64　立替払請求後の流れ

機構に提出した「立替払請求書・証明書・退職所得申告書」は、どのような流れで処理されるのでしょうか。

A　立替払いの請求があった場合、機構では、「受付→審査→支払→求償」の順に処理を行います（【参考】立替払請求後の流れ参照）。

　　まず、受付の時点で、破産申立書・破産手続開始決定書・商業登記簿謄本（登記事項証明書）・賃金台帳などの、パンフレットなどにより証明者に提出を依頼している資料に不足がある場合は、提出依頼のFAX（巻末【資料3】参照）が送付されます。

　　次に、「立替払請求書・証明書・退職所得申告書」および一連の資料の提出を受けて審査が行われますが、審査の過程において取締役に登記されている者等の労働者性や退職金制度の運用と周知の状況など、提出されている資料によっては十分な事実確認が行えない場合は、審査担当者から証明者に問合せが行われます（疑義照会）。また、請求者に対しても、必要書類（他の退職所得に係る源泉徴収票や退職所得の申告書など）に不足がある場合に提出を求められます。

　　審査を終了した請求については、立替払金に関する所得税等の納付が必要な場合は源泉徴収を行った上で、口座振込や送金等の支払の手続が行われます。なお、支払決定を行った場合は、請求者本人に圧着式のハガキにより「未払賃金立替払支給決定通知書」（巻末【資料5】参照）を送付します。

　　機構によると、法律上の倒産事案の場合、請求書の受付日から請求者本人への支払までの日数は、平均では約1カ月を要しています。

　　この点、請求時点で不備がない事案については15日程度で支払われるものもありますが、企業単位でみれば約4割の事案については事実確認の必要性や書類の不足などが認められるようです。

　　また、当月の支払分について翌月10日頃までに、機構から証明者（破産管財人等）に賃金債権の代位取得通知および求償に関する照会文書（巻末【資料6～8】参照）が送付されます。

[参考] 立替払請求後の流れ

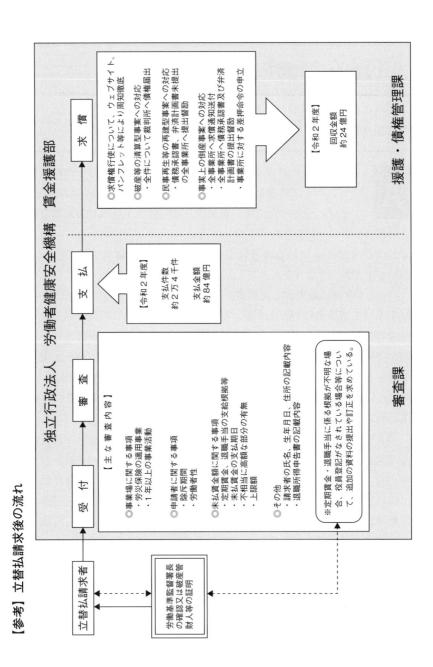

独立行政法人 労働者健康安全機構 賃金援護部

援護・債権管理課

求償

◎求償権行使について、ウェブサイト、パンフレット等により周知徹底
◎破産等の清算型事案への対応
　・全件について裁判所へ債権届出
◎民事再生等の再建型事案への対応
　（債務承認書、弁済計画書未提出事業所へ提出督励
　の全事業所へ提出督励
◎事実上の倒産事案への対応
　・全事業所へ債権通知送付
　・全事業所の提出督促及び弁済
　計画書承認書及び差押命令の申立

[令和2年度]
回収金額
約24億円

審査課

支払

[令和2年度]
支払件数
約2万4千件
支払金額
約84億円

審査

【主な審査内容】

◎事業に関する事項
　・労災保険の適用事業
　・1年以上の事業活動

◎申請者に関する事項
　・除斥期間
　・労働者性

◎未払賃金額に関する事項
　・定期賃金の支給根拠等
　・未払賃金の支払期日
　・不相当に高額な部分の有無
　・上限額

◎その他
　・請求者の氏名、生年月日、住所の記載内容
　・退職所得申告書の記載内容

※定期賃金・退職手当に係る根拠が不明な場合、役員登記がなされている場合等について、追加の資料の提出や訂正を求めている。

受付

立替払請求者

労働基準監督署長の確認又は破産管財人等の証明

Q65　民事再生手続に係る立替払請求

　民事再生手続に係る立替払請求を行う場合に、どのような点に留意すれば
よいでしょうか。

A　機構では、民事再生手続に係る立替払請求については、裁判所か
ら中立的な立場の破産管財人が選任される破産手続等とは異なり、
ほとんどの場合再生債務者である事業主自らが証明者となることか
ら（民事再生の場合、「再生債務者等」、すなわちDIP型の場合は再生債務者（の代
表者）が、管理型の場合は管財人が証明者となります。**Q1**の【参考】法律上の
倒産の場合の証明者参照）、立替払いの各要件や賃金未払額等について一層慎
重な審査を行っています。

　また、本来、賃金は刑事罰をもって支払を強制されているとともに、民事
上も労働債権は他の債権に優先して支払が確保されなければなりません。

　したがって、再建型の倒産手続にあっては、立替払制度の利用は全額弁済
を前提とした一時的なものと位置付けています。

　このため、機構では、立替払いの利用にあたっては、再生債務者等に立替
払金の弁済時期を明らかにした弁済計画の提出を求めています。

　再生手続の開始決定に係る立替払いを請求する場合は、国から一時的に立
替えを受けるとの認識のもとに、求償事務が始まる段階までには具体的な弁
済計画を提出する必要があります（**Q95**参照）。

　なお、立替払制度の対象者は、再生手続開始等申立日の6カ月前の日から
2年の間に退職した労働者に限られ、6カ月前の日より前に退職した労働者
や在職者は対象となりません（**Q31**、**Q33**参照）。

Q66　機構の審査の位置付け

破産管財人の証明が裁判所の証明や労働基準監督署長の確認と同様の効力を有するのであれば、機構は証明どおり支払を行えばよいのではないでしょうか。

A 　裁判所、破産管財人、再生債務者等、清算人、（更生）管財人の証明、または労働基準監督署長の確認は、制度上いずれも同一の効力をもつものと位置付けられています（賃確法7条、賃確則12条、15条、17条2項、機構業務方法書39条）。

　公的資金を預かりその支出について決定する立場にある機構は、適正な支出を行う義務と対外的な説明責任を負っていることから、立替払いの各要件に関する判断の根拠となった事実関係について、確認することが必要と考えられています。

　このため、機構においては、証明内容を確認するための資料（賃金台帳、出勤記録、退職金規程、商業登記簿謄本（登記事項証明書）、破産申立書等（写））の提出を求め、さらに、未払いが長期高額にわたるものや労働者性に疑問があるものなどについては、証明者に判断のもととなった資料などについて照会を行っています。

　基本的には破産管財人等の証明を尊重しその判断に従うものですが、その判断の基礎となる事実が確認できない場合や要件に該当しないことが照会の過程で明らかになった場合は、実務では、証明の取下げで対応しています。

　なお、証明が取り下げられた場合は、労働者の申請に基づき労働基準監督署長が調査の上、要件に該当することが明らかとなった場合には確認を行うことができることとなりますので、機構ではこのような処理を行っています（賃確則12条1号）（具体的な方法については、Q70参照）。

　証明の中には、「労働者からの申出どおり証明したが、後は機構の判断に委ねる」と記載された送付書が添付されているものも見受けられるようですが、証明権者である破産管財人としては、要件に係る事実関係について、客観的な資料の確認と慎重な判断が必要です。

Q67 機構の審査の理解

機構の審査につき、破産管財人はどのように考えておけばよいでしょうか。

 　　Q66で指摘した破産管財人等の証明と労働基準監督署長の確認が同一の効力をもつという点は、破産管財人経験者の中でもあまり知られていなかったと思われます。

　この点、賃確法 7 条、賃確則12条、15条、17条 2 項を受けて、機構業務方法書39条（巻末【資料19】参照）に立替払賃金の支給に関する処分の定めがあり、同列の扱いとなっています（この点Q 1 の【図表】立替払手続の流れを参照してください）。

　これまで、破産管財人の立場からは、十分な調査を尽くし証明したにもかかわらず機構から不備や疑義の照会があり、多くの追完指示を受け、その対応に苦慮しているという認識でした。しかしながら、実は、この点はある面では認識不足で、機構は破産管財人が行った証明につき要件該当性の再確認を行っているのであって、機構からの問合せを機に、破産管財人としては要件該当性を再度検討し、その上で要件に該当していると判断すれば、その旨の報告を行うことにより、機構は最終的には破産管財人の判断を尊重しているのです（巻末【資料22】「未払賃金立替払事業に係る不正請求の防止及び審査の迅速化等に関する検討会・検討結果報告書（平成27年11月19日）（抜粋）」の「未払賃金立替払に係る証明を行う破産管財人の基本的立場について」参照）。

　この点、機構からの不備や疑義の照会方法については改善の余地もあり、機構と破産管財人が円滑なコミュニケーションを図れるよう継続的に要請しているところです。

　なお、機構からの照会に対しては、破産管財人は適切に対応すべきで、くれぐれも放置することのないように注意が必要です（対応しないまま、破産手続が終了することのないようにしましょう。仮に、破産手続が終了したとしても、自らが行った証明に対する事後処理として、機構からの照会には対応すべきでしょう）。

Q68　労働基準監督署長の確認のルートの理解

破産管財人として、労働基準監督署長の確認の手続をどのように理解しておけばよいでしょうか。

A 破産管財人等の証明と労働基準監督署長の確認とが同列であるとすると（Q66、Q67参照）、いずれかの手続を経ればよいようにも思われますが、法律上の倒産である破産の場合には、原則は破産管財人の証明となります（賃確則12条１号柱書）。この点、誤解のないようにお願いしたいところです。

どうしても破産管財人の証明が受けられない例外的な場合にのみ、労働基準監督署長に確認申請するルートがあると理解しましょう（実際のところ、破産管財人が調査の上、証明できないと判断した場合に、労働基準監督署長の確認がされるという事態は多くはないでしょう。Q１の【図表】立替払手続の流れの左上の点線の部分となります）。

したがって、いったんは破産管財人として証明しても、機構から要件該当性に疑義があるとして照会があり、破産管財人が再度の検討を行った上で、要件に該当しないと判断した場合には、その証明を取り下げることになります（Q70参照）。

このように、破産管財人としては、自らの業務の一環として、未払賃金の証明を行うか否か判断することになりますので、機構にその判断を委ねるものではないことを十分理解する必要があります（労働基準監督署長の確認がされた事案の取扱いにつきQ102参照）。

Q69　労働基準監督署での手続の概要

　　未払賃金立替払いに関する労働基準監督署の手続は、どのように行われるのでしょうか。

A　　労働基準監督署長は、①法律上の倒産手続がとられていない中小企業についての「事実上の倒産の認定」、②「事実上の倒産」の認定を受けた事業場に所属する労働者について、立替払いにかかる各要件に該当することの「確認」、③「法律上の倒産」について破産管財人等の証明が得られない事項について、立替払いにかかる各要件に該当することの「確認」を行います（Ｑ１の【図表】立替払手続の流れ、Ｑ５参照）。

　　上記①については、当該事業場に使用されていた労働者（いずれか１名）から「認定申請」を受けて、関係者の事情聴取・関係書類の確認・関係機関への照会等必要な調査を行い、「中小企業であること、事業活動が停止していること、事業再開の見込みがないこと、賃金支払能力がないこと」等の要件を満たしている場合に、「事実上の倒産の認定」を行い、申請者に「認定通知書」を交付します（賃確法７条、賃確令２条１項４号、賃確則９条～11条）。

　　上記②については、「事実上の倒産の認定」を受けた事業場の各労働者から「確認申請」を受けて必要な調査を行い、労働者性・退職日・未払賃金額等の要件を満たしている場合に、確認通知書（法律上の倒産の場合の「証明書」に当たるもの）を交付します（賃確則12条２号、13条～15条）。

　　なお、労働基準監督署長は、事業主が行方不明の場合を除き、事業主に対して認定や確認の内容を了知させることとされています。

　　また、法律上の倒産に関しては、破産管財人等が証明を行うことが原則ですが、当該破産管財人等の証明が受けられない上記③の場合（証明が取り下げられた場合を含みます）は、労働者の申請に基づき、労働基準監督署長が、「立替払いの要件の確認」を行えることとされています（賃確則12条１号柱書）（Ｑ１の【図表】立替払手続の流れ、Ｑ66参照）。なお、法律上の倒産に関して労働基準監督署長が確認を行う場合は、確認内容について破産管財人等と十分連絡をとることとされています。

　　事業主が破産手続開始の決定を受ける等法律上の倒産事案に該当すること

となるより前に、労働基準監督署長が事実上の倒産の認定を行った場合には、その後法律上の倒産事案に該当することとなったとしても労働基準監督署長が確認に関する決定を行うこととされていますので、注意が必要です（賃確則12条１号括弧書。【参考】労働基準監督署長が事実上の倒産の認定を行った場合参照）。

　なお、牽連破産の場合、破産前の倒産事由により退職した労働者については、破産管財人が証明することができず、また、牽連破産後には、破産前の倒産手続における（元）管財人、（元）再生債務者等も証明することができないため、破産前の退職事由により退職した労働者には、労働基準監督署への確認手続を案内することになります。

【参考】労働基準監督署長が事実上の倒産の認定を行った場合

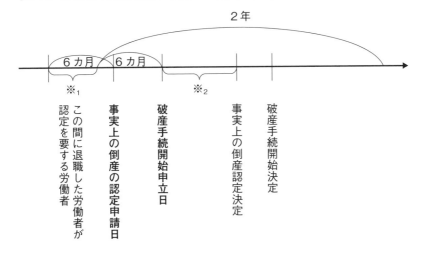

(注1)　労働基準監督署長が事実上の倒産の認定を行った場合には、その後法律上の倒産
　　　事案に該当することとなったとしても、破産管財人の証明によらず労働基準監督署長
　　　が確認に関する決定を行うこととされています。
(注2)　労働基準監督署長が事実上の倒産の認定を行う前に破産手続開始の決定が行われ
　　　た場合は（※₂の期間に決定があった場合）、破産手続開始の申立日を基準としてその
　　　6カ月前に遡った日から2年間の退職者が証明対象となることから、※₁の期間の退職
　　　者は認定申請をしていても対象とならないことに注意が必要です（**Q80**【参考】6カ
　　　月要件における「基準日」の考え方も参照）。

第10章
請求・証明の変更

Q70 証明の取下げ

　退職手当の支給根拠が不明確なことが判明するなどにより証明内容に疑義が生じたことから、破産管財人等の証明者が当該部分の証明を取り下げる場合、どのような流れになりますか。

A　破産管財人等の証明者から、取下書を提出することになります（【参考1】【参考2】取下書記載例参照）。

　請求者へは、機構から、証明が取り下げられた旨および労働基準監督署に確認申請を行う方法がある旨の教示を付した文書（【参考3】証明が取り下げられた場合の返戻文書の例参照）を同封し、「立替払請求書・証明書・退職所得申告書」を返戻します。

　この場合、機構から、事業場の所在地を管轄する労働基準監督署あてに事案の概要および経緯が連絡されています。

　労働者から確認申請が行われた場合は、労働基準監督署から破産管財人に連絡が入りますので、破産管財人としては、資料提供等につき協力することになります。

【参考１】 取下書の記載例

令和　年　月　日

独立行政法人　労働者健康安全機構　御中

破産者　株式会社　○○○

破産管財人　弁護士　○○○○

取下書

　貴機構から、○○○○氏に係る退職手当に関し、客観的な資料、根拠等を提示するよう照会を受け調査いたしましたが、当職においてこれまでに提出している以上の資料等を提示することができませんので、未払賃金立替払請求に関する証明を取り下げます。

【参考２】 一部取下げの場合の記載例

未払賃金立替払いに係る証明の一部取下げについて

　貴機構から、退職手当に関し照会を受け調査いたしましたが、所轄労働基準監督署への届出、過去の退職者への退職金の支給実績、労働者への周知の状況、退職金の支払準備の状況のいずれについても、確認には至らず、退職手当の請求権の存在を明らかにすることができません。

　したがって、本職は、未払賃金立替払請求に関する証明のうち、退職手当に関する部分（賃金の支払の確保等に関する法律施行規則第12条第1号に掲げる事項）について、下記のとおり証明を取り下げます。

記

1　請求者氏名　○○　○○

2　取下額（退職手当）　　　　　　　円

3　取下後の未払賃金証明額　　　　　円

【参考3】 証明が取り下げられた場合の返戻文書の例

令和　年　月　日

（株）○○○○
　　未払賃金立替払請求者　各位

（独）労働者健康安全機構
　　　賃金援護部審査課
　　　担当　○○
　　　（Tel.044-431-8662）

未払賃金立替払請求書の返戻について

　貴殿より提出のありました「未払賃金の立替払請求書」について、審査手続を進めておりましたが、本年○○月○○日付けで、証明者の破産管財人から、立替払請求に係る証明の取下書の提出がありました。

　これは、機構から退職手当に関し照会を行っていましたが、これ以上客観的な資料によって退職手当の請求権の存在を明らかにするに至らなかったとして証明の取下書の提出があったものです。

　これにより、破産管財人による証明では、未払賃金立替払制度を利用する事はできなくなりましたので、請求書を返戻いたします。

　破産管財人による証明書の交付を受けることができない場合は、事業場の所在地を管轄する労働基準監督署長に対して確認の申請を行うことができます（賃金の支払の確保等に関する法律第7条、同法施行規則第12条第1号、第13条第1号及び第14条）。

　ただし、労働基準監督署長が確認の要件を満たさないと判断した場合には、破産管財人による証明の場合と同様、未払賃金立替払制度を利用することはできないことを申し添えます。

　なお、申請手続等については、お勤めになっていた事業場（○○市○区）を管轄している労働基準監督署である○○労働基準監督署にお問い合わせ願います。

　　　　○○労働基準監督署
　　　〒○○-○○
　　　　○○市○○区・・・・
　　　　Tel○○-○○-○○○○

Q71　証明内容の修正

　「立替払請求書・証明書・退職所得申告書」の提出後に、未払賃金額など証明内容の修正が必要になった場合は、どのようにすべきでしょうか。

A　未払賃金額の修正が必要となった場合は、原則として、「立替払請求書・証明書・退職所得申告書」が機構から証明者に返送されますので、証明者は「証明書」の未払賃金の額欄を訂正の上、証明者の訂正印を押印して返送することになります。

　この場合、「立替払請求書」の立替払請求金額欄は、本来は請求者が訂正することとなりますが、請求者にまで返送していると時日が経過することから、請求者の了解が得られる場合は、「立替払請求書」の立替払請求金額欄も証明者が見え消しで訂正（一重の取り消し線で抹消し、訂正印を押印）した上で機構に返送することで対応されています。

　なお、請求者に対して、後日の紛争を避けるために、書面化しておくことが望まれます。

　また、計算誤りなどの軽微な修正（１円未満の端数処理など）の場合は、迅速な支払を行うために、「立替払請求書・証明書・退職所得申告書」を返送せず、証明者からの修正内容に係る報告書によって機構の側で訂正する対応もあります（なお、この場合も、証明者から請求者に修正の連絡をするようにします）。

Q72　追加の証明（2回目の証明）

「立替払請求書・証明書・退職所得申告書」を提出した労働者について、新たな賃金の未払いが判明した場合は、どのようにすべきでしょうか。

　　破産手続開始決定日等の翌日から2年の除斥期間を徒過していなければ（立替払請求書の機構への到達日が2年以内であれば）立替払いの上限額の範囲内で追加請求が行えます（賃確則17条3項）。

追加請求が当該労働者に係る立替払金の支払の前の場合は、提出済みの請求書・証明書を訂正することとなります。

すでに1回目の支払が終わった後で追加の請求を行う場合は、1回目と2回目以降の額を通算する必要があります（記入方法は、【参考】定期賃金の1カ月分の未払いが新たに判明した記載例参照）。

なお、追加の請求に係る証明を行う際は、事前に機構まで連絡します。

【参考】定期賃金の1カ月分の未払いが新たに判明した記載例

○　1回目の証明内容

　　定期賃金（支払期日　令和2年10月31日）350,000円

　　　　　　（支払期日　令和2年11月30日）270,000円

　　1回目の立替払額　　　　　　 496,000円（620,000円×0.8）

○　2回目の証明内容

　　定期賃金（支払期日　令和2年9月30日）350,000円

○　合計の未払賃金総額　　　　　　 970,000円

※記載方法

①　1回目の証明額を（　　）内に記入。

②　備考欄に、2回目の証明である旨および1回目の証明日を記入。

③　未払賃金の立替払額の計算欄に、1回目の立替払額を記入。

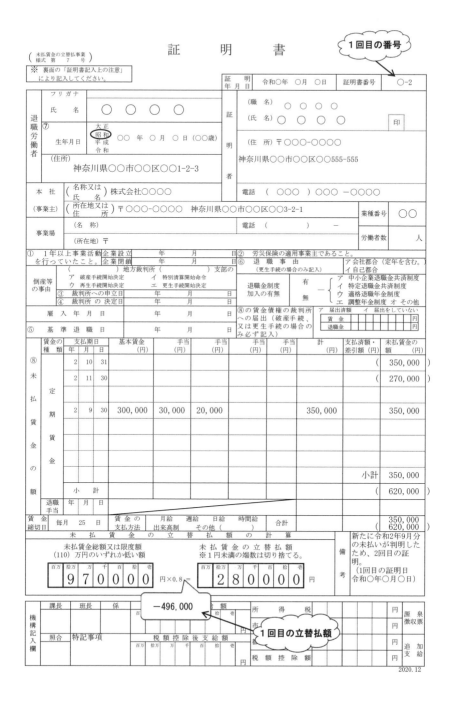

(未払賃金の立替払事業)
(様式 第 ７ 号)

証 明 書

※ 裏面の「証明書記入上の注意」
により記入してください。

【吹き出し】1回目の番号

| 証明年月日 | 令和○年 ○月 ○日 | 証明書番号 | ○-2 |

退職労働者	フリガナ	○ ○ ○ ○		証明者	（職 名） ○ ○ ○ ○	
	氏 名				（氏 名） ○ ○ ○ ○	印
	⑦ 生年月日	大正 昭和 平成 令和 ○○ 年 ○月 ○日（○○歳）			（住 所）〒○○○-○○○○	
	（住所） 神奈川県○○市○○区○○1-2-3				神奈川県○○市○○区○○555-555	

本社（事業主）	名称又は氏名	株式会社○○○○	電話 （ ○○○ ）○○○ ー ○○○○		
	所在地又は住所	〒○○○-○○○○ 神奈川県○○市○○区○○3-2-1		業種番号	○○
事業場	（名 称）		電話 （ ） ー	労働者数	人
	（所在地）〒				

① 1年以上事業活動を行っていたこと。　　企業設立　　年　　月　　日
　　　　　　　　　　　　　　　　企業閉鎖　　年　　月　　日
② 労災保険の適用事業主であること。

倒産等の事由
　　　（　　　　　　）地方裁判所（　　　）支部の
　　ア 破産手続開始決定　　イ 特別清算開始命令
　　ウ 再生手続開始決定　　エ 更生手続開始決定
　③ 裁判所への申立日　　年　　月　　日
　④ 裁判所の決定日　　年　　月　　日

⑥ 退職事由　　ア 会社都合（定年を含む。）イ 自己都合

退職金制度加入の有無　有／無　ア 中小企業退職金共済制度 イ 特定退職金共済制度 ウ 適格退職年金制度 エ 調整年金制度 オ その他

⑤ 基準退職日　　年　　月　　日

⑧の賃金債権の裁判所への届出（破産手続、又は更生手続の場合のみ必ず記入）
ア 届出済額　イ 届出をしていない　賃金／退職金　　　円

⑧ 未払賃金の額	賃金の種類	支払期日 年 月 日	基本賃金（円）	手当（円）	手当（円）	手当（円）	手当（円）	計（円）	支払済額・差引額（円）	未払賃金の額（円）
	定期賃金	2 10 31							(	350,000)
		2 11 30							(	270,000)
		2 9 30	300,000	30,000	20,000			350,000		350,000
									小計	350,000
	小 計								(	620,000)
	退職手当	年 月 日								

| 賃金締切日 | 毎月 25 日 | 賃金の支払方法 | 月給 週給 日給 時間給 出来高制 その他（ ） | 合計 | 350,000 620,000) |

未 払 賃 金 の 立 替 払 額 の 計 算

| 未払賃金総額又は限度額 (110) 万円のいずれか低い額 | 未払賃金の立替払額 ※1円未満の端数は切り捨てる。 |
| 百万 拾万 万 千 百 拾 壱 9 7 0 0 0 0 円×0.8= | 百万 拾万 万 千 百 拾 壱 2 8 0 0 0 0 円 |

備考：新たに令和2年9月分の未払いが判明したため、2回目の証明。
（1回目の証明日 令和○年○月○日）

【吹き出し】−496,000
【吹き出し】1回目の立替払額

機構記入欄	課長	班長	係	額	所 得 税	円	源泉徴収票
	照合	特記事項		税額控除後支給額 百万 拾万 万 千 百 拾 壱	市	円	追加支給
				円	税 額 控 除 額	円	

2020.12

Q72　追加の証明（2回目の証明）　123

Q73 立替払請求後の破産財団からの弁済

元従業員が立替払請求し、立替払いされるまでに、破産財団を増殖することができ、労働債権の弁済が可能となった場合、破産管財人としてどうしたらよいでしょうか。

A 破産管財人として、破産財団の状況から立替払制度を利用したほうがよいと考え（その判断については、**Q13**参照）、未払賃金を証明し、元従業員が立替払請求した後で、立替払いがされるより前に、予想より早く破産財団を増殖でき、労働債権の弁済が可能となった場合には、破産財団から弁済したほうが元従業員にとってもメリットですし（立替払いには8割または年齢による上限があります。**Q5**参照）、破産管財人としても、後日の機構からの求償への対応を考えたときに、手間が省けます。

その場合には、速やかに、機構に対し、破産財団で弁済できることになった旨を伝え、立替払いの手続の進行を止めてもらい、破産管財人の未払賃金の証明の取下書を提出します。その上で、機構から、「立替払請求書・証明書・退職所得申告書」を破産管財人宛にまとめて返送してもらいます。

破産手続においては、財団債権部分の弁済（破産法151条、78条2項13号）、優先的破産債権部分については、労働債権の弁済許可（同法101条1項）または和解許可（同法78条2項11号）により弁済します（**Q94**参照）。

くれぐれも機構の立替払いと破産財団からの弁済が二重払いにならないよう、機構の立替払いの手続の進行を止めておく必要があることに注意が必要です。

Q74 立替払いが受けられない場合

立替払いの要件を満たさない場合、その労働債権はどうなるのでしょうか。また、機構の審査の結果、破産管財人としても証明を取り下げざるを得ない場合、その労働債権は破産手続においてどのように取り扱われるのでしょうか。

A 未払賃金立替払制度の諸要件を満たさない場合、当然のことながら、元従業員は立替払いを受けることはできません。この点は制度上やむを得ません。そうであっても、破産手続において労働債権として認められるものは、財団債権や優先的破産債権としての処遇をされることとなり（Q97参照）、財団債権の弁済や按分弁済、優先的破産債権に対する配当（弁済）を受けることは可能です（Q94参照）。ただ、破産手続は、形成できた破産財団次第で財団債権の按分弁済すら受けられないという事態もありますので、全く保護されない結果となることもあります。

また、破産管財人としてはいったん未払賃金の証明を行ったものの、機構の審査の結果、破産管財人として再調査の上、証明ができないと判断した場合には、破産管財人としては証明を取り下げることになりますが（Q70参照）、その場合には、前提として労働債権が不存在ということが多いでしょうから、破産手続においても未払いの労働債権はないものと取り扱うことになるでしょう（場合によっては、破産手続においては労働債権として取り扱うということもあり得ると思われます）。

第11章
管財人の従業員への対応

Q75　元従業員に留意してもらいたいこと

破産管財人として、破産管財業務を行うにあたり、元従業員に留意してもらいたいことはどのような点でしょうか。

A　会社が破産すると、解雇された元従業員は、再就職等で転居することも多く、破産管財人としては、元従業員が転居先を明らかにしていないと、連絡先の情報がなく、その後の連絡がとりにくくなります。未払いの労働債権がある場合、労働債権の届出や立替払制度の利用につき連絡がとれないと、当該元従業員の保護を図ることが事実上困難となってしまいかねません。そこで、元従業員には、破産管財人の事務所または元従業員の中で代表的立場にある者に必ず連絡先を伝えてもらえるようお願いしています（野村剛司ほか『破産管財実践マニュアル〔第2版〕』340頁（青林書院、2013年））。

また、破産管財人が未払いの労働債権を調査するにあたり、会社の資料が散逸している場合もあることから、元従業員の方々には、賃金の計算方法がわかる資料（雇用契約書等）、給料明細（過去分も）や勤務表（シフト等出勤状況がわかるもの）、源泉徴収票（会社からのものだけでなく、中小企業退職金共済（中退共）等から支給を受けた場合には、その源泉徴収票の写しが立替払請求の際に必要となります。Q58、Q81参照）等の資料を保管しておくことをお願いします（巻末【資料2】未払賃金立替払いに係る提出依頼資料の2および3が参考になります）。

Q81で指摘するとおり、「退職所得の受給に関する申告書・退職所得申告書」の記載の不備が形式的な不備の多くを占めているようですので、迅速な立替払いのためには、破産管財人としても、元従業員に記載を促すようにしたほうがよいと思われます（その実務的な工夫については、**Q61**参照）。

なお、破産手続開始の申立て前に退職金を支給する場合にも、退職所得控除をするためには、退職者から退職所得の受給に関する申告書を受け取っておく必要がありますので、注意が必要です（破産手続開始後に破産管財人に引き継ぎます。**Q78**参照）。

Q76 解雇予告手当の破産手続における取扱い

立替払いの対象とならない解雇予告手当は破産手続上どのように取り扱われるのでしょうか。

 　未払いの解雇予告手当は立替払いの対象となりませんが（**Q5**、**Q15**、**Q36**参照）、破産手続においては、労働債権として取り扱うことになり、その性質が問題となります。

　この点、一般に、解雇予告手当は、労働の対価ではなく給料には含まれないことから財団債権（破産法149条1項）ではなく、雇用関係に基づき生じた債権として優先的破産債権（同法98条1項、民法306条2号、308条）と解されています（川畑正文ほか編『破産管財手続の運用と書式〔第3版〕』232頁以下（新日本法規出版、2019年）。**Q97**参照）。

　これに対し、東京地裁では、実質的な給料該当性を認め、破産手続開始前3カ月間に使用者が労働者に対して解雇の意思表示をした場合の解雇予告手当につき、破産管財人から、給料該当性を認めて財団債権として支払いたい旨の許可申立てがあれば許可する運用となっています（永谷典雄ほか編『破産・民事再生の実務〔第4版〕―破産編』420頁（金融財政事情研究会、2020年）参照）。

　立替払制度との関係で両者の違いは、破産財団が不足するとして立替払制度を利用した上で、最終的に財団債権の按分弁済を行う場面で生じる可能性があります。

　以上を踏まえた即時解雇の際の留意点については、**Q15**を参照してください。

　なお、立法提言については、**Q111**を参照してください。

Q77 解雇予告手当の計算方法

解雇予告手当はどのように計算したらよいでしょうか。

A 使用人は、事業停止時に労働者を即時解雇するには、30日分以上の平均賃金を支払わなければなりませんが（労働基準法20条1項。なお、同法21条に適用されない場合が列挙されています）、この解雇予告手当の前提となる「平均賃金」は、これを算定すべき事由の発生した日以前3カ月間にその労働者に支払われた賃金の総額を、その期間の総日数で除した金額をいい（同法12条1項本文。ただし書に例外として労働日当りの賃金の60％につき最低保障する旨の定めがありますので、その点にも注意を要します）、賃金締切日がある場合においては、直前の賃金締切日から起算することになっています（同条2項。3項以下にも各種例外が定められています）。

具体的には、解雇の直前の3カ月間の賃金額、すなわち通勤手当、時間外手当等の諸手当を含み税金等の法定控除前の賃金総額（臨時に支払われた賃金や賞与を除く）を合計し、暦日数で除した額（銭未満切捨て。昭22.11.5基発232号労働省労働基準局長通達）を平均賃金とします。

例えば、賃金締切日が毎月15日で10月25日解雇の場合、直近3カ月となる①7月16日～8月15日、②8月16日～9月15日、③9月16日～10月15日の各期間の賃金総額を合計し（単純に月30万円の場合で合計90万円）、暦日数92日で割ると、9782.6086円となるので、銭未満を切捨てして、9782.60円が平均賃金となり、これに30日を掛けて29万3478円（円未満四捨五入。通貨の単位及び貨幣の発行等に関する法律3条）が解雇予告手当の額となります（単純に1カ月分の給料が解雇予告手当になるというものではないことに注意が必要です）。

解雇予告手当の計算につき不明な点がある場合は、最寄りの労働基準監督署にご確認ください。

【参考】解雇予告手当の計算方法（原則）

1 解雇の直前の3カ月間の賃金額（法定控除前の賃金総額）

①3カ月前（　）月分　②2カ月前（　）月分　③1カ月前（　）月分　④合計

円	＋	円	＋	円	＝	円	

2 解雇の直前の3カ月間の暦日数

⑤3カ月前（　）月分　⑥2カ月前（　）月分　⑦1カ月前（　）月分　⑧合計

日	＋	日	＋	日	＝	日	

3 平均賃金

④3カ月間合計　　⑧暦日数合計　　⑨　　　　　　　⑩平均賃金

円	÷	日	＝	円	→	円	

（銭未満切捨て）

4 解雇予告手当

⑩平均賃金　　　　　　　　　　　⑪　　　　　　　⑫解雇予告手当

円	×	30　日	＝	円	→	円	

（円未満四捨五入）

【本文の例の場合】

1 解雇の直前の3カ月間の賃金額（法定控除前の賃金総額）

①3カ月前(8)月分　②2カ月前(9)月分　③1カ月前(10)月分　④合計

300,000 円	＋	300,000 円	＋	300,000 円	＝	900,000 円	

（7月16日〜8月15日）（8月16日〜9月15日）（9月16日〜10月15日）（解雇日：10月25日）

2 解雇の直前の3カ月間の暦日数

⑤3カ月前(8)月分　⑥2カ月前(9)月分　⑦1カ月前(10)月分　⑧合計

31 日	＋	31 日	＋	30 日	＝	92 日	

（7月16日〜8月15日）（8月16日〜9月15日）（9月16日〜10月15日）

3 平均賃金

④3カ月間合計　　⑧暦日数合計　　⑨　　　　　　　⑩平均賃金

900,000 円	÷	92 日	＝	9,782.6086 円	→	9,782.60 円	

（銭未満切捨て）

4 解雇予告手当

⑩平均賃金　　　　　　　　　　　⑪　　　　　　　⑫解雇予告手当

9,782.60 円	×	30　日	＝	293,478.00 円	→	293,478 円	

（円未満四捨五入）

Q78   解雇時の諸手続

事業停止に伴い従業員を即時解雇する際に、給料、解雇予告手当、退職金を支給するほか、どのような手続や処理をする必要があるのでしょうか。

A 　従業員を解雇するにあたり、解雇を明確にするために、解雇通知を書面で作成し、その受取りの記録を残し、給料等の明細の作成、受取りの記録を残すほか、次のような諸手続や処理をしておく必要があります。

　①所得税関係では、源泉徴収票を作成し、元従業員に交付します。②住民税関係では、特別徴収から普通徴収に切り替えるため、各市区町村に給与所得者異動届出書を提出します。③社会保険（健康保険・厚生年金保険）関係では、年金事務所に各従業員の被保険者資格喪失届を提出し（健康保険の任意継続を希望する場合、元従業員から任意継続被保険者資格取得申請をします）、事業者自体の資格喪失の届出（全喪届）を提出します。④雇用保険（失業保険）関係では、公共職業安定所（ハローワーク）に雇用保険被保険者離職証明書、雇用保険被保険者資格喪失届を提出します（以上につき、野村剛司ほか『破産管財実践マニュアル〔第2版〕』323頁以下（青林書院、2013年）、野村剛司編著『法人破産申立て実践マニュアル〔第2版〕』34頁、217頁以下、395頁（青林書院、2020年）参照）。なお、⑤退職金を支給する場合には、退職所得控除のために、退職者から退職所得の受給に関する申告書（巻末【資料11】参照）を受領しておきます（前掲破産管財325頁、同法人破産申立て219頁参照）。

　また、中小企業退職金共済（中退共）等の外部の退職金制度を利用する場合は、その支給手続も行います。その場合、元従業員が共済金の支給を受けた際に受領した源泉徴収票の写しが立替払制度の利用の際に必要となりますので（Q81参照）、保管しておくよう指示します。

　このほかにも、従業員に貸付を行っていた場合には、給料等の支給の際に、本人に説明の上で相殺処理し（Q50、Q79、前掲破産管財350頁参照）、従業員に貸与していた携帯電話、ETCカード、ガソリンスタンドのカード、タクシーチケット、クレジットカード、鍵、警備用のカード等を回収し（前掲破産管財82頁参照）、従業員の私物を引き揚げてもらいます。

【図表】解雇時の諸手続

確認	確認事項	作成文書	注意事項
解雇時の労働債権の計算			
☐	給与の計算	賃金台帳、給料明細書	解雇日との関係で、最後の月は日割計算が必要な場合があります。
☐	解雇予告手当の計算	計算書	平均賃金額を算定し、30日分で計算します。
☐	退職金の計算	計算書	退職金規程に従い計算します。
☐	立替実費の精算	精算書	従業員が負担していた実費等があれば、領収書等を確認の上、支払っておきます。
解雇関係			
☐	解雇通知書の作成	解雇通知書・同受領書	解雇を明確にするため、受取りの記録を残すようにします。
☐	給料等の支払	給料等の明細書	受取りの記録を残す必要があります。未払いになるときは、どの労働債権が未払いになるか検討します。
退職金関係			
☐	退職金規程	―	退職金制度が存在していたかどうかの確認が必要です。
☐	退職所得控除	退職所得の受給に関する申告書	退職所得控除のために、退職者から受領しておきます。
☐	外部の退職金制度の利用	退職金制度所定の書類	外部の退職金制度には中小企業退職金共済（中退共）等があります。※立替払制度の利用の際には、共済金の支給を受けた際に受領した源泉徴収票の写しが必要ですので、従業員には保管しておくように指示します。
☐	過去の退職者への未払い	―	過去に退職していた元従業員に退職金の未払いがある場合、自己都合退職であるのか、会社都合退職であるのか、経理担当者への確認が必要です。
☐	確定拠出年金	―	移行済みか確認します。
公租公課庁関係			
☐	所得税関係	源泉徴収票	元従業員が確定申告を行う場合や再就職先での年末調整のために、元従業員に交付が必要です。
☐	住民税関係	給与所得者異動届出書	特別徴収から普通徴収に切り替えるために、元従業員の住所地の各市区町村に提出が必要です。
☐	社会保険関係	被保険者資格喪失届	各従業員につき、社会保険から、国民健康保険・国民年金に切り替えるため、年金事務所へ提出、従業員に証明書交付が必要です。※健康保険の任意継続を希望する場合、元従業員から任意継続被保険者資格取得申請をします。
☐		資格喪失届（全喪届）	事業者につき、年金事務所に提出が必要です。
☐	雇用保険（失業保険）関係	雇用保険被保険者離職証明書 雇用保険被保険者資格喪失届	元従業員が、雇用保険（失業保険）を受給するために、公共職業安定所（ハローワーク）に提出が必要です。公共職業安定所から離職票の交付を受けたら、元従業員に交付します。
☐		雇用保険適用事業所廃止届	事業者につき、公共職業安定所に提出が必要です。
その他の必要手続			
☐	従業員に対する貸付金債権	確認文書	給料等の支給の際、元従業員に説明した上で相殺処理します。
☐	従業員への貸与物等の回収	―	携帯電話、ETCカード、ガソリンスタンドのカード、タクシーチケット、クレジットカード、鍵、警備用のカード等を回収します。保険証の回収も。
☐	私物の引き揚げ	―	解雇時に持ち帰ってもらいます。

Q79　従業員貸付の処理

退職金担保に従業員貸付を行っていた場合、従業員の解雇にあたり、どのように処理したらよいでしょうか。未処理のまま破産手続開始決定を受けた場合、破産管財人としてどのように処理したらよいでしょうか。

A　従業員の退職時の退職金を引当てとした従業員貸付が行われていることもよくありますが、通常は、従業員との合意により退職金との相殺処理を行っています。事業停止に伴う解雇の際にも、この相殺処理を行うことになります。この点、賃金の全額払いの原則（労働基準法24条1項）との関係が問題となりますが、労働者の同意に基づく相殺については、労働者の自由意思に基づくものと認めるに足りる合理的な理由が客観的に存在する場合には、全額払いの原則に違反しないとされています（最二小判平2.11.26民集44巻8号1085頁）。

破産申立て時の混乱で未処理のまま破産手続開始決定を受けた場合は、破産管財人が元従業員との合意により相殺処理を行っています。

この点、立替払いの対象となる退職金の計算の際にも相殺処理をすることが前提となっています（**Q50**参照）。

なお、退職金制度がない場合に、貸金と給料との合意による相殺処理を行うこともあります。ただ、退職金と違い、元従業員の生活への配慮もありますので、貸付額と差押禁止債権額を考慮した柔軟な対応が求められることもあります。

また、従業員が弁償すべき債務を負っている場合も同様でしょう。

以上につき、野村剛司ほか『破産管財実践マニュアル〔第2版〕』350頁以下（青林書院、2013年）、野村剛司編著『法人破産申立て実践マニュアル〔第2版〕』226頁以下（青林書院、2020年）を参照してください。

Q80 破産申立てまでに時間を要する場合の元従業員の対処法

破産申立て予定と聞いていますが、なかなか破産申立てがされません。このように、破産申立てまでに時間を要する場合、解雇された元従業員としてはどのように対処したらよいでしょうか。

A 　立替払いの対象となる労働者は、破産手続開始等の申立てがあった日の6カ月前から2年間に退職した者となっていますので（Q31の【参考】退職日要件についての図を参照してください）、事業停止に伴い解雇されたが、何らかの事情で事業者の破産申立てが遅れた場合、元従業員が立替払いを受けられなくなるおそれがあります（Q1、Q32参照）。

この場合には、元従業員（うち1名でよいです。その後、事実上の倒産の認定を受けると、その効果はすべての退職者に及ぶものとされています）から、労働基準監督署に対し、事業者についての事実上の倒産の認定申請を行うことで、この6カ月要件を満たす方法もあります（Q69参照）。ただ、ここで注意しておくべきことは、退職日の翌日から起算して6カ月以内に事実上の倒産の認定申請を行えば足りるということではなく、その後に労働基準監督署長の事実上の倒産の認定を受ける必要があります。事実上の倒産の認定があった場合は、6カ月要件における基準日が事実上の倒産の認定申請日となるのです（賃確令3条2号）。

しかし、この6カ月要件には盲点があり、退職日の翌日から起算して6カ月以内に事実上の倒産の認定申請を行っていたが、事実上の倒産の認定を受ける前に、退職後6カ月を超えて破産手続開始申立てがあり、事実上の倒産の認定前に破産手続開始決定がなされた場合には、基準日が破産申立日となり、6カ月要件を満たしていないという事態に陥ります（【参考】6カ月要件における「基準日」の考え方参照。かかる現象は、賃確令3条が、1号で破産申立日と破産手続開始決定を、2号で事実上の倒産の認定申請日と事実上の倒産の認定を紐付けしているため起こってしまうのです）。

このような事態に陥らないよう、労働基準監督署においても配慮されるものと思われますが、申立代理人としても、収集した財産に関する資料を同署に提供することにより、事実上の倒産の認定が早くなされるよう協力したほ

うがよいということになります（野村剛司編著『法人破産申立て実践マニュアル〔第2版〕』35頁（青林書院、2020年）参照）。

　また、事業者の破産申立てを準備している申立代理人においては、かかる事態とならないよう、速やかな破産申立てが望まれるところです。

　なお、立替払制度では、破産申立てから6カ月遡ることになっていますが、破産手続における財団債権は、破産手続開始決定から3カ月遡るだけですので（Q97参照）、さらなる注意が必要です。

【参考】6カ月要件における「基準日」の考え方

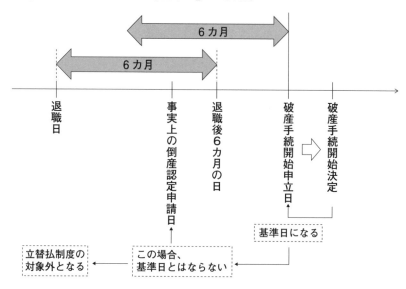

※この図は、退職後6カ月内に事実上の倒産認定申請後、労働基準監督署長の事実上の倒産の認定を受ける前に、退職後6カ月を超えて破産手続開始申立てがあり、破産手続開始決定があった場合を想定したものです（Q69【参考】労働基準監督署長が事実上の倒産の認定を行った場合も参照）。

第12章
諸問題

Q81 立替払金に係る税金

立替払金は課税されますか。立替払金以外に退職金の一部を受け取っている場合は、どのような手続が必要でしょうか。

A 　未払賃金立替払金は、事業主から支払われる退職手当等の金額（以下「退職所得」といいます）とみなして、所得税法の規定が適用されます（租税特別措置法29条の4）。退職所得は、他の所得と分離して課税することとされており、機構は、退職手当等の支払をする者として、退職所得に係る所得税および地方税の源泉徴収を行っています（所得税法199条）。

このため、定期賃金のみに係る立替払いの請求であっても「退職所得の受給に関する申告書・退職所得申告書」（以下「申告書」といいます）の提出が必要となります（巻末【資料10】破産管財人等の証明の手引き（裏表紙）参照）。

なお、申告書を提出しないときは、支払われる立替払金（退職所得等の金額）に20.42％の税率を乗じた額が課税されます（同法201条3項）。

また、1つの会社を退職する場合に、2カ所以上から退職金を受け取っている場合は、合算して課税することとされています。

立替払金以外に既に退職手当の一部を受け取っている場合には、「立替払請求書・証明書・退職所得申告書」の左下部分の申告書（巻末【資料4】参照）ではなく、税務署備付けの申告書（巻末【資料11】参照、緑字の用紙、国税庁のウェブサイトからダウンロード可能。なお、立替払制度においては、個人番号（マイナンバー）の記載は不要です）により、申告する必要があります（巻末【資料4】、上記様式の注書き参照）。この場合、他から受け取った退職所得について、原則として当該退職金の支払に係る源泉徴収票の写しを添付する必要がありますが、源泉徴収票が発行されていない場合は、申告書へ当該退職手当額を記入することによって足りる取扱いとされています。

機構では、退職金制度の加入欄に社外積立てがある旨の記載がある場合に上記申告書および源泉徴収票の写しの提出を求めていますので、迅速な支払のために請求者へ案内しましょう。

退職所得の税額は、勤続年数に応じて計算した退職所得控除額を控除した

残額の2分の1に相当する金額（1,000円未満切捨て）を「退職所得の金額」として、他の所得と分離して課税されます（下記算式参照）。

退職手当の収入金額が「退職所得控除額」の範囲を超え、課税所得金額が195万円以下の場合には、「退職所得の金額」に対して、「所得税（復興特別所得税含む）」5.105％および住民税10％（市町村民税（特別区民税）6％ 道府県民税（都民税）4％）を乗じた額が課税されます。例えば、立替払金以外に退職手当の収入がない場合であって、勤続年数が2年を超えない者が上限額296万円の立替払金の支払を受けた場合の課税額は、16万3134円 ｛（立替払金296万円－退職所得控除額80万円）×1/2×（所得税率5.105％＋住民税率10％）｝ となります。

なお、実際に機構で立替払いを行った受給者のうち課税される者の割合は数％にとどまっています（令和元年度は2.1％）。

また、退職所得については分離課税となっており、退職所得以外の所得と通算されないので、「退職所得の受給に関する申告書」を提出している場合は、原則として確定申告の必要はありません。ただし、機構の立替払いを受ける際に他からの退職金の申告を行っていない場合や、外国企業から受け取った退職金など、源泉徴収が行われていない収入がある場合などは確定申告が必要となります（詳しくは、税務署で確認してください）。

＜通常の場合（障害者となったことにより退職した事実がない場合）の退職所得の算式＞
○退職所得の金額（1,000円未満切捨て）
　｛収入金額（源泉徴収される前の金額）－退職所得控除額｝×1/2$^{(注)}$
○退職所得控除額
　① 勤続年数20年以下の場合
　　→40万円×勤続年数（1年未満の端数は1年として計算）
　　※80万円に満たない場合は80万円
　② 勤続年数が20年を超える場合
　　→800万円＋｛70万円×（勤続年数－20年）｝
　　（注） 令和3年度税制改正により、令和4年1月1日以降、勤続年数5年以下の法人役員等以外の退職金については、退職所得控除額を控除した残額の300万円を超える部分につき2分の1課税適用なし

Q82　外国人労働者の留意点

外国人労働者については、立替払金に関する税法上の扱いが異なりますか。また、留意すべき点はどのようなことでしょうか。

A 　外国籍の労働者については、税法上の居住者かどうかの確認および立替払金の振込先の確認に注意する必要があります。国籍によって税法上の取扱いが異なることはありませんが、居住者か非居住者かによって、取扱いが異なります。

　非居住者の退職所得（国内源泉所得）については、退職所得控除は行われず、退職手当等として支払われた額に20.42％の税率を乗じた額が課税されます（立替払金に係る税金についてはQ81参照）。立替払金も退職所得とみなされるため、同様の取扱いとなります。

　所得税法では、居住者は「国内に住所を有し、又は現在まで引き続いて１年以上居所を有する個人をいう」、非居住者は「居住者以外の個人をいう」（同法２条）と定義されています。さらに、「国内に居住することとなった個人が国内において、継続して１年以上居住することを通常必要とする職業を有する場合には、国内に住所を有するものと推定する」（同法施行令14条１項１号）、「所得税法に規定する住所とは各人の生活の本拠をいい、生活の本拠であるかどうかは客観的事実によって判定する」（同法基本通達２－１）とされています。

　また、「退職所得の収入金額の収入すべき時期は、その支給の基因となった退職の日によるものとする」（同法基本通達36－10）とされています。

　以上から、退職の日においては国内に在留している場合がほとんどであり居住者に該当すると考えられますが、退職の日において、すでに住居を引き払い本国に帰国してしまった者（日本国内に住所も居所もない場合）は、非居住者となります。

　機構においては、立替払請求書の現住所欄（請求日における住所）に国内の住所が記載されており、勤務期間から居住者と判断できる場合は居住者として扱い、現住所欄に国外の住所が記載されている場合や、現住所欄に国内の住所が記載されていても、勤務期間が１年未満であるなどで居住者と判断

できない場合には、出入国記録等によって居住者か否かを判断しています。

　したがって、請求者が外国籍の労働者の場合は、居住者か非居住者かの確認のため、「パスポート（顔写真と日本国入国日・出国日が記載されている全ページ）および在留カード（両面）等の写し」を、また、立替払金の振込先の確認のために「振込先の通帳の表紙の裏側部分（金融機関名・支店名・口座番号・名義人等記載部分）の写し」の提出を依頼されますので、これらの書類の添付について、請求者への指導を行います。

　このほか、租税条約により免税となる場合があります（中国人の技能実習生など）。この免税措置を受けるためには、立替払請求時に「租税条約に関する届出書」（通常は、雇入れ時に会社に提出されている）の写しの提出が必要です。

　さらに、日本に戻る予定のない労働者については、本人の希望により、本人名義の海外の金融機関の口座あてに、ドル建てまたは円建てで立替払金を送金しています。海外送金にあたっては、ドル建てで、約7,500円の海外送金手数料が差し引かれます（令和元年6月以降）。

　なお、機構のウェブサイトに、厚生労働省が作成した「外国語版未払賃金の立替払制度パンフレット」（13言語）が掲載されています（「企業倒産に伴い賃金が支払われないまま退職された方へ　未払賃金の立替払制度のご案内」パンフレット（日本語版）を翻訳しています）。

Q83　氏名の変更

労働者の氏名が、婚姻等によって変更されている場合や、戸籍上の氏名と異なっている場合は、どのように取り扱うべきでしょうか。

A　証明書の退職労働者の氏名欄には、二重払いや不正受給の防止の観点からも、戸籍上の氏名を記載する必要があります。

また、立替払金の支払は、本人名義の金融機関の口座への振込みによって行っており、この点からも戸籍上の氏名の記載が必要です。

なお、金融機関に口座がない場合は送金小切手による支払も可能ですが、この場合も、金融機関の窓口で小切手を換金するに際して本人確認が行われます。

また、婚姻などによって姓が変更されている場合や通称で雇用されていた場合などは、戸籍上の氏名を確認できる公的な書類（運転免許証、住民票（個人番号（マイナンバー）が記載されていないもの）、戸籍全部事項証明書（戸籍謄本）等）の写しの提出が求められています（この点、機構のウェブサイトに「未払賃金の立替払請求者の氏名・住所・振込先金融機関変更届」の様式が掲載されています）。

Q84　請求者の死亡

労働者が死亡した場合は、どのような手続が必要でしょうか。

A　退職金については、就業規則等に労働者が死亡した場合の受給権者に関する定めがある場合（規程上、例えば「従業員が死亡した場合、退職金は、労働基準法施行規則42条および43条に定める順位に従い、その遺族に支給する」とある場合など）は、当該規程に定められた者が退職金の受給権者となります。

退職金についてこのような定めがない場合や、定期賃金に係る未払いについては、民法の規定による相続人が請求権を有することとなります。

立替払請求は相続人（または受給権者）が行うこととなりますが、機構では、死亡の事実を確認できる書類（死亡診断書の写し、除籍後の戸籍全部事項証明書（戸籍謄本）の写し等）および相続人であることが明らかとなる書類（戸籍全部事項証明書（戸籍謄本）の写し等）、さらに相続人（または受給権者）が複数である場合は、代表者選任届（【参考】「代表者選任届」参照。機構のウェブサイトからダウンロード可能）の提出を求めています。詳細は、機構に問い合わせてください。

なお、相続人（または受給権者）に支払われる立替払金は退職所得扱いとはならず（機構において源泉徴収を行いません）、支払を受けた者の所得となります。

【参考】代表者選任届

代 表 者 選 任 届

代表者氏名	住　　　　　所	死亡労働者との関係

　上記のとおり　　　死亡労働者氏名　　　に係る未払賃金立替払に係る証明、立替払
請求及び受領についての代表者を選任したので届け出ます。

　　　年　　月　　日

届　出　人 (受給権者) 氏　　名	住　　　　　所（電話）	死亡労働者との関係

　　独立行政法人労働者健康安全機構理事長　　殿

Q85　不正受給の制裁

請求者が不正受給を行った場合、どのような制裁が課されますか。

 　偽りその他不正の行為によって立替払金の支払を受けた場合は、立替払金の全部または一部の返還と立替払金と同額以下の金額の納付が命じられます（賃確法8条1項。いわゆる「倍返し」。Q10参照）。

　また、事業主が偽りの報告または証明をしたために、これらの立替払いが行われた場合は、事業主にも、連帯して返還や納付すべきことが命じられます（同条2項）。

　さらに、不正行為に関与した者には、請求者や使用者以外の者も含め、詐欺罪その他の罪に問われる可能性があります。

　平成23年1月に明らかとなった暴力団関係者による詐欺事件については、首謀者ら6名が起訴され、それぞれ懲役6年等の実刑が確定しています（【参考】不正受給事案の概要参照）。

【参考】 不正受給事案の概要

1 事案の概要

暴力団関係者が、建設関係の会社が倒産し労働者17名に未払賃金があったように装い、平成21年5月に、未払賃金立替払金約3000万円を詐取したもの。実際には、ペーパーカンパニーで事業は全く行われておらず、労働者も存在していなかった。

2 事実経過

○平成21年2月、破産手続開始決定。

○同年3月、破産管財人、17名に証明書を交付。

○同年4月、機構、未払賃金立替払請求書を受理。

○同年5月、機構、未払賃金立替払金を支給。

3 立替払請求と審査の概要

機構には、請求書以外に、破産管財人から破産手続開始決定書、商業登記簿謄本、給与台帳等の必要書類の提出があった。機構では、賃金が高額な者(月50万円)が含まれていたため、破産管財人に賃金の決定方法等に関する照会を行った。

これに対し、破産管財人からは、破産申立代理人が作成した「事業主に聴取したところ、当該労働者は建設重機の運転資格者であることを考慮して賃金額を決定した」等とする報告書が提出された。機構は、その報告書の提出を受け、支給決定を行った。

4 捜査および刑事裁判の経過

神奈川県警から、捜査中の別の詐欺事件の被疑者の口座に未払賃金立替払金の入金があったため、機構に照会があり、立替払金の詐取容疑が生じた。

平成23年1月に関係者21名が逮捕され、うち首謀者6名が詐欺罪で起訴された。現在までに、全員に有罪(懲役6年、懲役3年等の実刑)が確定している。

第13章
立替払金の求償と弁済

Q86 立替払金の充当

立替払金は未払賃金のどの部分に充当されるのでしょうか。

A 立替払金は、未払賃金のうち最初に退職手当に、次いで定期賃金に充当（退職手当または定期賃金に弁済期の異なるものがあるときは、それぞれ弁済期の到来した順序によります）するものとされています（機構業務方法書40条参照）。以下、これを「機構指定充当」といいます。

具体例によって説明すると（【参考】未払賃金立替払金に係る財団債権と優先的破産債権の区分参照）、退職手当160万円と定期賃金4カ月分120万円との合計280万円が未払いとなっている場合で図示した条件の下では、機構指定充当により、立替払金は最初に退職手当に全額充当し、次いで定期賃金のうち9・10月分全額と11月分の一部に充当されます（図表中の太線囲いの部分）。

なお、立替払金の一部が弁済期を同じくする賃金の一部に当たる場合は、財団債権部分と優先的破産債権部分との比率に応じて充当されます。

この立替払金および労働者の残債権を財団債権部分と優先的破産債権部分とに区分すると、立替払金は財団債権の部分（図表中の網掛けの範囲）に94万円、優先的破産債権の部分に130万円が充当されることとなります。そして、労働者の未払賃金残額56万円は、全額が財団債権となります。

なお、この例では、賃金締切日および退職日を月末、破産手続開始決定日を月の初日と設定しているため日割計算は生じませんが、賃金締切日、退職日、破産手続開始決定日の関係から「破産手続開始前3月間」または「退職前3月間」が賃金計算期間の途中に当たる場合は、賃金締切日までの期間に応じた日割計算で、財団債権部分と優先的破産債権部分とに区分することが必要となります。

【参考】未払賃金立替払金に係る財団債権と優先的破産債権の区分

<＜退職手当＋定期賃金の未払い＞の例>

【前提条件】

未払賃金額　280万円　　（退職手当　160万円、定期賃金120万円）
立替払額　　224万円　　（280万円 × 8 割、　基準退職日の年齢　45歳以上）

破産手続開始申立日　令和 2 年10月20日　　　破産手続開始決定日　令和 2 年11月 1 日
労働者の退職日　令和 2 年 9 月30日　　　　　定期賃金の未払期間　令和 2 年 6 月 1 日〜9 月30日
賃金締切日　毎月末日、支払日　翌月20日、賃金額　月額30 万円
破産手続開始前 3 月間の給料（破産法149条 1 項）→　60万円
退職前 3 月間の給料の総額に相当する額（破産法149条 2 項）　→　90万円

【退職手当】

未払賃金額　160万円
立替払額　　160万円
未払残額　　　 0 円

《立替払額　160万円（70万円 ＋ 90万円）》

優先的破産債権　70万円

財団債権　90万円
〔未払残額　 0 円〕

【定期賃金】

未払賃金額　120万円
立替払額　　 64万円
未払残額　　 56万円

| 6 月分 | 7 月分 | 8 月分 | 9 月分 |
| 30万円 | 30万円 | 30万円 | 30万円 |

《立替払額　60万円＋ 4 万円》

優先的破産債権
60万円

財団債権
60万円
〔未払残額　56万円〕

【財団債権と優先的破産債権の区分】

	退職手当		定期賃金		合計	
	優先的破産債権	財団債権	優先的破産債権	財団債権	優先的破産債権	財団債権
① 未払賃金額	160万円		120万円		280万円	
	（70万円）	（90万円）	（60万円）	（60万円）	（130万円）	（150万円）
② 立替払額	160万円		64万円		224万円	
	（70万円）	（90万円）	（60万円）	（ 4 万円）	（130万円）	（94万円）
①－② 未払残額	0 万円		56万円		56万円	
	（ 0 万円）	（ 0 万円）	（ 0 万円）	（56万円）	（ 0 万円）	（56万円）

Q87　立替払金の労働債権性

立替払金は、労働債権性を失い、一般債権となるのではないでしょうか。立替払いされなかった残りの未払賃金への弁済を優先すべきではないでしょうか。

A 機構は、労働者の請求に基づき、当事者（債務者である事業主など）の意思にかかわらず、当該未払賃金に係る債務のうち一定の範囲（未払賃金総額の8割または上限額）を当該事業主に代わって弁済しています（賃確法7条、労災保険法29条）。また、弁済により立替払額に相当する額の賃金請求権を代位取得します。

そして、機構が代位取得した債権については、判例においても、原債権の性質を保ったまま移転するものと解されています（【参考】代位取得した債権の性質に関する裁判例参照）。

なお、仮に、機構の支払う立替払金が一般債権性しか有しないと解するとすれば、事業主に代わって立替払いを行うこの制度の基本的な理念と乖離するとともに、立替払制度の安定性も著しく損なわれることとなります。さらに、例えば再生手続における随時弁済の対象外となるなどの結果が生じることにより、取引上の一般債権の支払が優先され、労働債権の支払が後回しとなるなど、かえって労働債権の保護に欠ける結果となると考えられます。

したがって、機構の立替払金債権は、原債権である労働債権の財団債権、優先的破産債権の区分により労働者の未払賃金残額と同等の配分によって弁済・配当の対象とする必要があります。

【参考】代位取得した債権の性質に関する裁判例

○　最三小判平23.11.22（民集65巻 8 号3165頁）要旨

　弁済による代位により財団債権を取得した者は、同人が破産者に対して取得した求償権が破産債権にすぎない場合であっても、破産手続によらないで上記財団債権を行使することができる。

○　横浜地裁川崎支判平22. 4 .23（判例タイムズ1344号244頁）要旨

　原債権（筆者注：未払給与債権）はその性質を保ったまま代位弁済者に移転すると解するのが相当であり、（中略）本件代位債権も労働者の未払給料債権という性質は失わないものというべきである。（中略）被告（筆者注：機構）は、破産手続開始決定を受けた事業主に代わり、労働者の請求に基づき賃金の立替払をすることが義務付けられているのである（中略）から、（中略）早期に支払うということで上記労働者保護の目的に合致しているものといえる。以上の趣旨からすれば、本件代位債権も、破産法149条 1 項により財団債権とするのが相当である。

Q88　立替払金の充当・破産手続との関係

　破産管財人として、破産手続上、機構の立替払金が労働債権のどの部分に充当されると理解すべきでしょうか。

A　現行破産法が労働債権の一部を財団債権に格上げした際、その充当方法が問題となりました。

　当初は、労働債権の財団債権部分と優先的破産債権部分との比率と同一の比率で按分され、機構に移転するとの按分説や、労働者保護の観点から、まず優先的破産債権部分に充当し、それを超えた部分につき財団債権部分を代位するとの優先債権部分充当説がありました。

　現行破産法が施行された後、機構からの代位取得の通知には、「退職手当、定期賃金の順序（退職手当又は定期賃金に弁済期が異なるものがあるときは、弁済期の到来の順序）」とあり、端的にいえば、退職手当がある場合には、まず①退職手当、次に②定期賃金の古いものから指定充当されることになっています（**Q86**参照）。

　この機構指定充当が一般的理解となり、実務上確立した取扱いとなっています（川畑正文ほか編『破産管財手続の運用と書式〔第3版〕』240頁以下（新日本法規出版、2019年）参照）。

　このため、未払いの退職手当がある場合には、破産手続における債権の優先順位とは異なる取扱いとなることになります（退職手当の財団債権部分が、定期賃金の優先的破産債権部分より先に充当されることになります（**Q86**の【参考】の例を参照）。ただ、この【参考】の例では、結果的に優先的破産債権全額に充当されています）。なお、定期賃金のみ未払いのときは、立替払金は優先的破産債権部分から充当されていくことになりますので、元従業員にとって有利な結果となります。

Q89 債権の一部の立替払いと充当関係

機構指定充当に従うとしても、退職手当の一部や月額の定期賃金の一部につき立替払いがされた場合には、どのように充当したらよいでしょうか。

A 　退職金債権は1本の債権ですので、その中に財団債権部分と優先的破産債権部分とがある場合には、機構指定充当だけでは充当の処理ができないことになります。この場合は、労働債権の財団債権部分と優先的破産債権部分との性質をそのまま代位すると解されますので（**Q87**参照）、その比率で按分して充当することになります（**Q86**参照）。

この点、定期賃金についても、弁済期の古いものから充当していき、ある月の定期賃金に財団債権部分と優先的破産債権部分とがある場合に、その月の一部までの立替払いとなった場合にも同様となります。

この点、充当関係の全パターンについては、**Q90**を参照してください。

結局のところ、1本の債権に財団債権部分と優先的破産債権部分があり、その債権の一部までの立替払いの場合、按分計算が必要となる点で計算が複雑になるということです。

Q90　充当関係の全パターン

立替払金の充当につき、機構指定充当と按分計算の組合せの全パターンを紹介してください。

　　　　Q86、Q88、Q89における説明（機構指定充当）を前提とした充当関係の全パターンは次のとおりとなります（以下のとおり、3＋2＋6＝全11パターンあります）。

　按分計算が必要となるのは、給料につき1③給料に財団債権部分と優先的破産債権部分がある場合と、退職金につき2②退職金に財団債権部分と優先的破産債権部分がある場合で、後はその組合せとなります。

　この点、野村剛司ほか『破産管財実践マニュアル〔第2版〕』345頁以下、637頁以下（青林書院、2013年）を併せて参考にしてください。

　以下、機構の立替払金を「立替払い分」、元従業員に残る分を「従業員分」とします。

1　給料のみの場合【3パターン】
①　給料がすべて財団債権の場合
　　立替払い分、従業員分いずれも財団債権
②　給料がすべて優先的破産債権の場合
　　立替払い分、従業員分いずれも優先的破産債権
③　給料に財団債権部分と優先的破産債権部分がある場合
　　給料の古いものから充当するので、優先的破産債権部分から充当。
　　ある月の一部までの立替払いの場合、その月の給料債権は1本の債権で、立替払い分と従業員分で按分計算が必要。【給料の場合の按分計算】

2　退職金のみの場合（退職金には、必ず財団債権部分がある）【2パターン】
①　退職金がすべて財団債権の場合
　　立替払い分、従業員分いずれも財団債権
②　退職金に財団債権部分と優先的破産債権部分がある場合
　　退職金債権は1本の債権で、立替払い分と従業員分で按分計算が必要。
　　【退職金の場合の按分計算】

3　退職金と給料がある場合【6パターン（2と1の組合せ）】

①　退職金と給料がすべて財団債権の場合（2①＋1①）

　　立替払い分、従業員分いずれも財団債権

②　退職金がすべて財団債権で給料がすべて優先的破産債権の場合（2①＋1②）

　　退職金から充当し、充当できた債権の性質により決まる。

③　退職金がすべて財団債権で給料に財団債権部分と優先的破産債権部分がある場合（2①＋1③）

　　退職金から充当し、給料まで充当できた場合は、按分計算が必要な場合あり。

④　退職金に財団債権部分と優先的破産債権部分がある場合で給料がすべて財団債権の場合（2②＋1①）

　　退職金から充当し、退職金の一部までの充当の場合は、按分計算が必要。給料まで充当できた場合は、充当できた債権の性質により決まる。

⑤　退職金に財団債権部分と優先的破産債権部分がある場合で給料がすべて優先的破産債権の場合（2②＋1②）

　　退職金から充当し、退職金の一部までの充当の場合は、按分計算が必要。給料まで充当できた場合は、充当できた債権の性質により決まる。

⑥　退職金に財団債権部分と優先的破産債権部分がある場合で給料にも財団債権部分と優先的破産債権部分がある場合（2②＋1③）

　　退職金から充当し、退職金の一部までの充当の場合は、按分計算が必要。給料まで充当できた場合は、按分計算が必要な場合あり。

Q91　支払の通知と立替払金の仕分け

立替払金の支払があったことは、破産管財人に対し、いつどのように通知されますか。また、立替払金の仕分けは機構が行うべきではないでしょうか。

A 機構（援護・債権管理課）から破産管財人に、当月支払分をまとめて翌月5日頃に、代位取得通知を送付（破産廃止となっている場合を除き、債権等の届出に関する照会文書を同封）することにより通知されています（巻末【資料6】賃金債権の代位取得について（通知）、【資料7】求償手続に関する照会について（ご依頼）、【資料8】個人別支払台帳参照）。

なお、これより早い時期に立替払金の支払状況を知る必要がある場合は、証明者である破産管財人から機構の審査担当者まで問い合わせることにより、早く知ることも可能です（**Q93**参照）。

また、財団債権と優先的破産債権との区分けについては、機構では「破産手続開始前3月間の給料」の額および「退職前3月間の給料の総額」に相当する額が、破産管財人の提出書類では必ずしも把握できないことなどから、破産管財人に行ってもらえるよう協力依頼がされています。機構の破産事案の求償担当者は1名で約2,000件の事案の債権管理を行っていることもあり、やむを得ないと思います。

Q92　財団債権と優先的破産債権の仕分作業

労働債権の弁済や配当を行う際に、立替払金の財団債権部分と優先的破産債権部分への充当の仕分けを破産管財人が行ったほうがよいでしょうか。

A 　破産管財人は、労働債権の財団債権部分の弁済にあたり、労働債権の財団債権部分と優先的破産債権部分との仕分けを必然的に行うことになります（当然のことですが、財団債権の按分弁済もできない異時廃止事案では、実際上、仕分けの問題は生じないことになります）。

財団債権は、破産債権と異なり、債権届出、調査、確定の手続はなく、破産管財人として把握することに努めなければなりません。

したがって、自らの業務の円滑な進行を考えたとき、機構に対し、前述の指定充当の結果を求めるのではなく、破産管財人として計算した結果を一覧表として機構に提示し、その確認を受けるほうがよいと思われます。

筆者は常にそのようにしていますし、また、機構からも協力依頼のあるところでもあります（**Q91**参照）。

Q93 破産管財人としての立替払いの確認方法

破産管財人として、各従業員に対し立替払いがされたか早期に確認する方法はありますか。

 機構が立替払いを行う場合、まずは機構から労働者に未払賃金立替払支給決定通知書（圧着式のはがき）（巻末【資料5】参照）が送付され（この中で振込予定日が知らされます）、立替払いされた上で、後日、破産管財人にまとめて通知されることから、破産管財人としては、事後的に機構から立替払いの報告を受けることになります（**Q91**参照）。

この点、破産管財人として、元従業員との関係で、立替払いが行われる時期を早期に確認したい場合は、元従業員には、支払通知のはがきが届くことを伝えておき、届いた場合にはその旨の連絡を受けることにより確認するほか、破産管財人から機構に問合せをすることにより、前述の報告よりも早く立替払いがされたか知ることも可能です。

Q94 労働債権の弁済・配当時の留意点

機構の立替払いがされた後に、破産管財人として労働債権を弁済または配当する際に留意すべき点はどのような点でしょうか。

A 　未払賃金の立替払いがされた場合でも、8割または年齢による上限がある関係で（**Q5**参照）、少なくとも2割部分については元従業員にも未払賃金が残り、機構と元従業員との双方に弁済または配当を行うことになります。

　労働債権の財団債権部分は、特に債権届出を要しないので、破産管財人として調査し把握できた額を弁済することになります（破産法151条。裁判所の許可につき同法78条2項13号・3項1号。破産財団が財団債権の全額の弁済に不足する場合は、財団債権の按分弁済となります（同法152条））。

　労働債権の優先的破産債権部分は、原則として他の破産債権と同様に、債権届出、調査、確定の手続を経て、配当手続により配当することになりますが、労働者保護の観点から、裁判所の許可を得て弁済することができます（同法101条1項の労働債権の弁済許可。なお、他の財団債権の弁済や労働債権に優先する租税債権などの優先的破産債権の配当ができることが前提となります）。この点、機構の立替払いがあっても可能です（野村剛司ほか『破産管財実践マニュアル〔第2版〕』427頁以下（青林書院、2013年）参照。川畑正文ほか編『破産管財手続の運用と書式〔第3版〕』238頁以下（新日本法規出版、2019年）は、和解許可（同法78条2項11号）に基づいて可能とします）。

　労働債権の弁済許可の制度は、債権調査手続を不要としますが、債権届出は必要となります。この点、破産管財人が調査し把握した未払賃金の額につき元従業員との間で問題がない場合には、もう一歩進んで、元従業員からの債権届出を要せず、裁判所の和解許可（同法78条2項11号）による弁済が可能です（大阪地方裁判所の運用。川畑正文ほか編・前掲書253頁以下参照）。

Q95 求償の概要

機構は、立替払いにより代位取得した債権をどのような方法によって求償しているのでしょうか。

 立替払いにより代位取得した債権については、機構は、倒産の類型に応じた方法によって債務者に弁済を求め、回収に努めています。

立替払額の約7割を占める破産手続においては、破産管財人へ債権の代位取得の通知を行った後、原則として裁判所へ債権の届出を行います（東京地裁およびさいたま地裁（本庁扱い分）は、破産管財人へ送付）。その後は、破産手続によって配当を受けることとなります。

民事再生や会社更生などの再建型の倒産手続においては、機構は、弁済計画書の提出を求めることで弁済計画を明らかにし、計画どおりの弁済がなされているかを管理しています（民事再生手続に係る立替払請求につきQ65参照）。

事実上の倒産については、事業主の所在が不明な場合は労働基準監督署へ事業主の所在確認を行い、弁済計画書や債務承認書の提出を求めています。また、売掛金等の債権の差押えを行うなど、債権の回収に努めています。

なお、破産手続の終了や消滅時効の成立等によって回収の見込みが極めて低くなったものについては管理事務を停止していますが、これらの債権を除き、令和2年度末現在で、約3,200社5万人分の債権を管理しています（【参考】未払賃金立替払金に係る求償の概要参照）。

【参考】未払賃金立替払金に係る求償の概要

倒産の類型		倒産手続の種類	求償の相手方	求償の流れ
法律上の倒産	清算型	破 産	破産管財人	債権の代位取得の通知 ↓ 債権の届出（原則として、裁判所へ） ↓ 破産手続に参加 ↓
		特別清算	清算人	財団債権の弁済、優先的破産債権の配当
	再建型	民事再生	再生債務者または管財人	債権の代位取得・求償の通知 ↓ 債務承認書・弁済計画書の提出 ↓
		会社更生	管財人	弁済状況のチェック、弁済督励
事実上の倒産		労働基準監督署長の認定	事業主	債権の代位取得・求償の通知 事業主の所在確認（労働基準監督署へ） ↓ 債務承認書の提出督励 ↓ 弁済督励 ↓ （差押命令の申立て（裁判所へ））

Q96 立替払金の回収率

機構が代位取得した債権のうち、どの程度が回収されているのでしょうか。

 　立替払額に対する回収率は、令和2年度末現在で、制度発足以降に立替払いした総額約5,400億円に対して、回収した金額は約1,400億円で、累計回収率は、約26%となっています。

第14章
労働債権の取扱い

Q97 破産における労働債権の取扱い

事業者が破産した場合、従業員の労働債権の取扱いはどうなりますか。

A 事業者が破産手続開始決定を受けた場合、元従業員に対する未払いの労働債権は、その一部が財団債権となり（破産法149条）、その余が優先的破産債権となります（同法98条1項、民法306条2号、308条）。旧破産法では、すべて優先的破産債権であったところ、現行破産法は一部を財団債権に格上げしたものです。

主な労働債権としては、給料、退職金、解雇予告手当の3つがあります。

給料については、破産手続開始前3カ月間のものが財団債権となり（破産法149条1項）、その余が優先的破産債権となります。破産手続開始決定日の3カ月前の応当日（ちょうど3カ月前の同日）から破産手続開始決定までの間に生じた部分のみとなることに注意が必要です。

退職金については、退職前3カ月間の給料の総額と破産手続開始前3カ月間の給料の総額のいずれか多いほうの額に相当する額が財団債権となり（破産法149条2項）、その余が優先的破産債権となります。

解雇予告手当については、基本的には、給料に該当せず、優先的破産債権となります（この点、実務上の取扱いについては、Q76参照）。

なお、破産手続開始前に従業員が立て替えていた交通費、ガソリン代などの立替費用（実費弁償）は、給料には含まれませんが、雇用関係により生じた債権（民法306条2号、308条）として優先的破産債権となると解されます。

また、労働債権が財団債権となっても強制執行はできません（破産法42条1項）。労働債権の優先的破産債権部分と同様に破産手続に服することになり、破産財団が不足する場合には、その弁済や配当を受けることができません。したがって、未払賃金立替払制度が大切なセーフティネットとなってくるわけです（従業員にとっては、破産財団以外からの回収となるわけです）。

以上につき、野村剛司ほか『破産管財実践マニュアル〔第2版〕』321頁以下（青林書院、2013年）、野村剛司『倒産法を知ろう』222頁（青林書院、2015年）を参照してください。

【参考】給与債権の財団債権部分と優先的破産債権部分の計算

1 未払いの給料債権

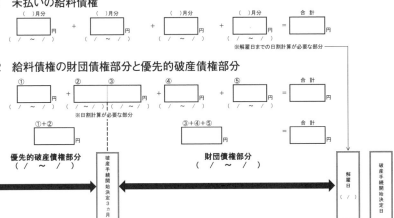

2 給料債権の財団債権部分と優先的破産債権部分

【具体例】

1 未払いの給料債権

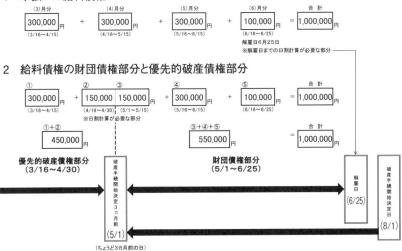

2 給料債権の財団債権部分と優先的破産債権部分

※上記【具体例】は、イメージしやすくするために、1カ月を30日で便宜的に日割計算しています。

Q98 破産における労働債権の優先順位

破産手続において、従業員の労働債権の優先順位はどうなりますか。

 労働債権の一部は財団債権（破産法149条）、その余は優先的破産債権となりますが（Q97参照）、他の財団債権、優先的破産債権との優先順位については、次の【図表】のとおりとなります。

【図表】破産手続における労働債権の優先順位

財団債権	① 破産管財人報酬（立替事務費を含む）	
	② 債権者申立てまたは第三者予納の場合の予納金補填分	
	③ 破産法148条1項1号および2号のうち、①および②を除いた財団債権（優先する財団債権）	
	④ その他の財団債権（一般の財団債権）	←労働債権の財団債権部分

破産債権	A 優先的破産債権	a 国税、地方税（公租）
		b 公課
		c 私債権（民法306条各号の順） ←労働債権の優先的破産債権部分はこの中の第2順位
	B 一般の破産債権	
	C 劣後的破産債権	
	D 約定劣後破産債権	

【注意点】
　財団債権においては、労働債権は、租税債権の一般の財団債権部分と同列ですが、優先的破産債権においては、租税債権の優先的破産債権部分に後れることになります。

Q99 民事再生における労働債権の取扱い

民事再生の場合、労働債権の取扱いは破産の場合と異なるのでしょうか。

 　　民事再生は、事業再生を目的としていますので、労働債権につき、破産の場合と異なり、再生手続によらないで随時弁済を受けられるようになっています。

　すなわち、再生手続開始前の未払いの労働債権は、一般の先取特権がある債権（民法306条2号、308条）として一般優先債権となり（民事再生法122条1項）、再生手続によらずに随時弁済を受けることができます（同条2項）。給料、退職金、解雇予告手当のいずれもがその対象となります。再生手続開始前に従業員が立て替えていた交通費、ガソリン代などの立替費用（実費弁償）も、雇用関係により生じた債権（民法308条）として一般優先債権となると解されます。

　また、再生手続開始後の給料債権は、共益債権となり（民事再生法119条2号）、再生手続によらずに随時弁済を受けることができます（同法121条1項）。退職金については、再生手続開始後に会社都合で解雇した場合も同じく共益債権となり（同法119条2号）、従業員が自己都合退職した場合は、再生手続開始前の期間に対応する退職金債権は一般優先債権、再生手続開始後の期間に対応する退職金債権は共益債権となると解されます（いずれも随時弁済のため、実際上の違いはありませんが、牽連破産の場合に違いが生じることになります。牽連破産における労働債権の取扱いについては、**Q104**参照）。再生手続開始後の解雇の際の解雇予告手当も共益債権となります。

　破産の場合、財団債権となっても強制執行はできませんが（破産法42条1項）、民事再生の場合、一般優先債権、共益債権のいずれも可能となります。

　以上につき、野村剛司『倒産法を知ろう』223頁（青林書院、2015年）、実務上の観点から木内道祥監修『民事再生実践マニュアル〔第2版〕』152頁以下（青林書院、2019年）を参照してください。

Q100　会社更生における労働債権の取扱い

会社更生の場合、労働債権の取扱いは破産の場合と異なるのでしょうか。

 　　会社更生は、民事再生と同様に、事業再生を目的としていますので、労働債権につき、破産の場合と異なり、その多くは随時弁済を受けられるようになっています。

　給料債権については、更生手続開始前の未払いのうち更生手続開始前6カ月間に生じた部分は共益債権となり（会社更生法130条1項）、更生手続によらずに随時弁済を受けることができます（同法132条1項）。それ以前の部分は優先的更生債権となり（同法168条1項2号、民法306条2号、308条）、債権届出、調査、確定の手続を経る必要がありますが、更生計画の中で更生担保権に次いで優遇されることになります。また、更生手続開始後の給料債権は共益債権となり（会社更生法130条4項、127条2号）、更生手続によらずに随時弁済を受けることができます（同法132条1項）。

　次に、退職金については、更生計画認可決定前に退職した場合は、退職前6カ月間の給料の総額相当額または退職金額の3分の1相当額の多いほうの額が共益債権となり（同法130条2項）、それ以外は優先的更生債権となります。ただ、更生手続開始後の会社都合による解雇の場合の退職金は全額が共益債権となりますので（同法127条2号）、更生手続開始前の退職者と更生手続開始後の自己都合による退職者の場合が該当するということになります。

　なお、解雇予告手当については、更生手続開始前のものは優先的更生債権、更生手続開始後のものは共益債権となります。

　破産の場合、財団債権となっても強制執行はできませんが（破産法42条1項）、会社更生の場合、共益債権については可能となります（なお、優先的更生債権については、破産と同様に強制執行はできません（会社更生法50条、24条1項2号））。

　以上につき、伊藤眞『会社更生法・特別清算法』257頁以下、323頁以下（有斐閣、2020年）、野村剛司『倒産法を知ろう』224頁（青林書院、2015年）を参照してください。

Q101　特別清算における労働債権の取扱い

特別清算の場合、労働債権の取扱いは破産の場合と異なるのでしょうか。

A　特別清算は、破産と同様、清算型の倒産手続と分類されています
が、通常はソフトランディングさせるために利用されていますの
で、労働債権につき、破産の場合と異なり、制約を課さず、随時弁
済を受けられるようになっています。

すなわち、特別清算開始前の未払いの労働債権は、一般の先取特権がある
債権（民法306条2号、308条）として、特別清算手続の制約を受けることな
く、随時弁済を受けることができます。

そして、清算株式会社が協定案の作成にあたり必要があると認めるとき
は、担保権者と同様に参加を求めることができるとされていますので（会社
法566条2号）、優遇されるということになります。給料、退職金、解雇予告
手当のいずれもこの取扱いとなります。

また、特別清算開始後についても同様に随時弁済を受けられます。

破産の場合、財団債権となっても強制執行はできませんが（破産法42条1
項）、特別清算の場合は可能となります（会社法515条1項）。

以上につき、野村剛司『倒産法を知ろう』224頁（青林書院、2015年）を参
照してください。

Q102 労働基準監督署長の確認がされた事案の取扱い

破産管財人として未払賃金の証明ができないと判断したことから、元従業員が労働基準監督署に確認申請したところ、労働基準監督署長の確認により立替払いがされ、機構から破産財団に求償されました。破産管財人として、どう取り扱ったらよいでしょうか。

A 破産管財人として、調査を尽くした上で、未払賃金の証明ができないと判断した場合、元従業員としては、労働基準監督署（以下本問においては「労基署」といいます）に未払賃金の確認申請をすることが可能ですが（Q1の【図表】立替払手続の流れ、Q69参照）、多くの事案では、労基署においても、破産管財人の調査結果を覆すようなことはないのではないかと思われます。

ただ、労基署による職権調査の結果、労基署長による未払賃金等の確認がされる事案もあり得ます。その場合は、労基署長の確認通知書をもって、機構が立替払いをすることになり、最終的には、機構から破産財団に対し、求償されてきます。

破産管財人としては、自らの判断と異なる結果となるわけですが、労基署における職権調査の結果でもありますし、多くの場合、その判断を尊重することになるのではないかと思われます。その場合、立替払い分も含め、債権全体につき、財団債権や優先的破産債権として取り扱っていくことになります（優先的破産債権部分については、債権届出、債権調査の手続が必要です。実務上の留意点につきQ94も参照）。

ただ、破産管財人として、労基署長の判断を争わざるを得ない場合には、財団債権部分については、通常訴訟（機構からの訴え提起の場合と破産管財人からの債務不存在確認の訴え提起の場合があり得ます）で、優先的破産債権部分については、債権調査で破産管財人が認めなかった場合に、機構からの破産債権査定申立て（破産法125条）、その後の異議の訴え（同法126条）による破産債権確定訴訟の中で争うことになります。

Q103　民事再生における立替払金の取扱い

　民事再生手続中ですが、資金繰りが厳しいので、退職者の退職金につき、未払賃金立替払制度を利用し、残額のみ会社から支給しました。立替払金につき、会社では負担しなくてもよいのでしょうか。

A　立替払金は、一般優先債権（民事再生法122条）または共益債権（同法119条2号）として、会社で負担する必要があります。

　退職金請求権は、手続開始前の退職の場合は一般優先債権、手続開始後の会社都合解雇に伴う場合は共益債権、自己都合退職に伴う場合は手続開始前分が一般優先債権、手続開始後分が共益債権となるところ（Q99参照）、いずれも再生債権に優先し、随時弁済する必要があります（民事再生法121条1項、122条2項）。

　この点、機構が立替払いした場合（Q65参照）、事業者に対し求償され（Q95参照）、その際、もともとの労働債権の性質が変わるものではありませんので（最三小判平23.11.22民集65巻8号3165頁。Q87参照）、すべて会社が負担すべきものとなります。

　そして、再生計画案を作成する際には、一般優先債権や共益債権となる立替払金を優先的に弁済した上で、再生債権を弁済できるように配慮しておく必要があります。

　具体的には、収益弁済型の再生計画案の場合、機構への弁済時期と額を事業計画案に織り込み、その資金手当を行うことが必要です。

　また、スポンサーへの事業譲渡後の清算型の再生計画案であれば、一括弁済の際に優先的に弁済することになります。なお、事業譲渡後にやむなく牽連破産となる場合もあり得ますが、その場合、弁済できなかった立替払金は、破産手続において、共益債権は財団債権に（民事再生法252条6項前段）、一般優先債権は一部が財団債権に（同条5項、破産法149条）、その余は優先的破産債権に（同法98条）なります（Q104参照）。

Q104 牽連破産における労働債権の取扱い

民事再生から牽連破産した場合、破産手続で再生手続時の未払労働債権の取扱いはどうなるのでしょうか。

A 民事再生における労働債権の取扱いについては、**Q99**記載のとおり、一般優先債権（民事再生法122条1項）または共益債権（同法119条2号）となりますが、牽連破産した場合には、破産手続において、次のとおり取り扱われます。

まず、共益債権については、すべて財団債権となります（同法252条6項）。その優先順位は、一般の財団債権となります（**Q98**の優先順位の表の財団債権④その他の財団債権（一般の財団債権）となります）。このため、再生手続廃止の際に解雇された従業員の再生手続開始後の給料、会社都合の退職金、解雇予告手当のすべてが破産手続において財団債権となります。

次に、一般優先債権については、給料につき、破産法149条1項の「破産手続開始前3月間」を「再生手続開始前3月間」に読み替えて、その部分が財団債権となり（民事再生法252条5項、破産法149条1項）、その余が優先的破産債権となります（破産法98条）。

通常は、再生手続開始後の労働債権が再生手続廃止の際に未払いとなるでしょうから、前述のとおり、破産手続においては、すべて財団債権となることになります。破産管財人としては、労働債権の優先順位について注意しておく必要があります。例えば、立替払金の求償の場面で、財団債権の按分弁済を行う事案であれば、財団債権と優先的破産債権の仕分けの際に注意が必要です（**Q86**、**Q88**、**Q89**、**Q90**参照）。

Q105　一部支給済みの退職金の取扱い

解雇の際、退職金の一部のみ支給し、残部が未払いとなっている場合、財団債権部分の計算にあたり、支給済み分を考慮すべきでしょうか。

A　給料の未払いについての財団債権部分は、破産手続開始前3カ月間という期間で区切りますが（破産法149条1項）、退職金の未払いについての財団債権部分は、原則として退職前3カ月間の給料の総額となります（同条2項）。

このように、原則として退職前3カ月間の給料の総額が必ず財団債権となりますので、すでに一部支給されている退職金部分があった場合に、破産手続上、これを考慮して財団債権部分に充当して計算すべきか、この点を考慮せずに財団債権部分を計算するのかという点が問題となり得ます。

この点、従前は、財団債権部分に充当して計算すべきとの見解もありましたが（この見解では、結果的に優先的破産債権部分が増えることになります）、実務上は、破産法149条2項には過去の弁済分を控除する旨規定されていないことから、破産手続開始時に未払いとなっていた退職金債権額を基準に計算しています（野村剛司ほか『破産管財実践マニュアル〔第2版〕』335頁以下（青林書院、2013年）参照）。結果的には、労働者保護が図られていることになります。

そうなると、財団債権部分が必ず確保されることになり、全く支給を受けていなかった従業員がいた場合に、従業員間で不平等が生じるとの懸念もありますが、取扱いとしてはやむを得ないのではないかと思われます。

Q106　労働債権の弁済・配当と源泉徴収義務

破産管財人として、破産手続上、労働債権の弁済や配当を行う際に、所得税の源泉徴収義務はあるのでしょうか。

関連して、住民税の特別徴収や社会保険料の天引きの点はどうしたらよいでしょうか。

A 　この点、旧破産法時代の優先的破産債権の退職金の配当にあたり、破産管財人に所得税の源泉徴収義務があるのではないかと争われましたが、最二小判平23.1.14（民集65巻1号1頁）は、破産管財人には源泉徴収義務はないと判断しました（なお、下級審は源泉徴収義務ありと判断していました）。

　この最高裁の判断は、現行法における優先的破産債権の配当の場面にも当然適用されるものと考えられますが、現行法は、労働債権の一部を財団債権に格上げしましたので（破産法149条。**Q97**参照）、財団債権の弁済にあたっても同様の問題が生じるところ、同最判は、破産管財人と労働者の間に、使用者と労働者の関係に準ずるような密接な関係があるとはいえないと判断していることからしても、同様に適用されるものと考えられます。したがって、破産管財人には、所得税についての源泉徴収義務はないと考えられます（なお、破産管財人が雇用した場合には、当然に源泉徴収義務があります）。

　また、これに関連して、住民税については、通常、賃金の未払いとなった月以降を特別徴収から普通徴収に切り替えていますので（給与所得者異動の届出につき**Q78**参照）、特別徴収が問題になることもないと思われます（一部未払いが続いていた場合には、別途の考慮が必要でしょう）。

　次に、社会保険料については、資格喪失の前月までは、原則その2分の1が元従業員本人負担、その余の2分の1が会社負担となりますので、元従業員の負担すべき部分を含め破産財団が負担すると、年金事務所の交付要求に対する破産財団の負担と二重負担になる可能性があります（野村剛司ほか『破産管財実践マニュアル〔第2版〕』352頁（青林書院、2013年）参照）。この点、財団債権の弁済、優先的破産債権につき労働債権の弁済許可（破産法101条1項）や裁判所の和解許可（同法78条2項11号）による弁済の場面であれば（**Q94**

参照)、元従業員への弁済額から控除（天引き）することで基本的に調整が可能でしょう（もともと元従業員が負担すべき部分です。なお、優先的破産債権の配当であっても、配当金との合意による相殺処理も可能と思われます）。

　また、機構の立替払いとの関係では、立替払いの額が未払賃金の総額の「8割」とされているのは、いわゆる手取り所得に近い額になることを念頭に置いた社会政策的な制度であるため、前述の元従業員への弁済額（機構の立替払いの残「2割」）から控除することでの調整は行っても、機構が求償する「8割」からの控除は行わないことになるでしょう。すなわち、未払賃金の総額は税金・社会保険料など法定控除額を控除する前の額であるところ（**Q36**参照）、①未払賃金の立替払事業によって立替払いされる賃金は、租税特別措置法29条の4により退職所得とみなされ、かつ、退職所得については特別の控除（退職所得控除）が認められているため、実際上は多くの場合課税されないこと（**Q81**参照）、②社会保険料等の納付義務は専ら事業主にあり、機構はこれを負わないことを踏まえると、立替払いを行うべきいわゆる手取り所得に近い額は、未払賃金の総額から社会保険料等相当額の「2割」を減じた「8割」になると整理できます。

　このような立替払事業の制度設計に鑑みると、機構からの求償と元従業員の負担すべき社会保険料を相殺等することは適当ではないと考えられます。

Q107 労働債権の消滅時効

労働債権の消滅時効は何年ですか。立替払いや破産手続との関係で注意しておくことはありますか。

A 労働債権のうち、給料債権については、平成29年の民法（債権法）改正に伴う令和2年の労働基準法改正により、5年間（当分の間、3年間）の消滅時効となりました（労働基準法115条、143条3項、附則2条2項。令和2年4月1日以降に支払期日が到来する債権に適用されます。「当分の間」については、令和2年4月1日の施行後5年を経過した場合に見直される可能性があります（附則3条）。なお、改正前は2年間の消滅時効でした）。

また、退職金債権については、従前どおり5年間となっています（労働基準法115条、143条3項）。

なお、解雇予告手当については、従前どおり2年間の消滅時効となります（労働基準法115条の「その他の請求権」に該当します）。

立替払いとの関係では、未払賃金立替払制度の対象となる賃金は、退職日の6カ月前から立替払請求日の前日までに支払期日が到来している未払賃金ですし（Q5参照）、立替払いの対象となる労働者は、破産手続開始等の申立てがあった日の6カ月前から2年間に退職した者となりますので（Q5、Q31参照）、特に消滅時効が関係するような場面は生じないといえるでしょう。

ただ、定年時に退職金が支給されないまま、定年後も雇用継続されている場合についての取扱いについては、**Q56**を参照してください。

破産手続との関係では、労働債権の消滅時効が完成している場合があり得ますので、破産管財人としては、時効の完成猶予や更新がないか確認の上、消滅時効の援用を行う場合があります。

なお、個人の免責手続との関係で、個人事業者の場合、使用人の請求権および使用人の預り金の返還請求権は非免責債権とされています（破産法253条1項5号）。

第15章
今後のために

Q108　立替払いの円滑な実施のために

立替払いの円滑な実施のために、どのようなことが望まれるのでしょうか。

A 　立替払制度の円滑な実施には、機構と破産管財人をはじめ管財業務に携わる方々との意思疎通が欠かせません。

　機構では、従来は電話相談を受ける部署と実際に審査を行う部署が異なっていたことなどから破産管財人事務所などからの問合せに対して的確に対応しきれていなかった面もあったようですが、平成23年度からは、直接審査課の職員が対応することとされました。また、多数の請求が見込まれる事案や、事実関係の確認が困難な事案などについては、機構職員が直接現地に出向き、破産管財人を始め破産申立代理人や破産会社の労務経理の担当者などの関係者との打合せを実施しているようです。

　したがって、疑問点などについては、証明を行う前に機構に相談することが有用です（事前相談につき、**Q11**、**Q12**、巻末【資料９】破産管財人等の証明の手引き（表紙）参照）。

　また、客観的な資料の確認や退職所得の申告書の添付といった比較的単純な事項に留意することによって、迅速な支払が可能な事案も多く存在しています。

　平成23年以降、各地の弁護士会、全国倒産処理弁護士ネットワークなどの協力により立替払制度の研修会が開催されており、平成27年には弁護士会の全単位会での開催が実現しました。その後も継続的に開催され、令和２年には回数も延べ112回、参加者も延べ8,000名を超えました。今後も継続的な開催にご協力をお願いします。

　立替払いを迅速かつ的確に実施したいという思いは、関係者に共通しているものと考えます。今後とも本制度の円滑な運営に向けた、相互理解が大切であると考えます。

Q109 破産管財人としての今後の取組み

破産管財人として、未払賃金立替払制度の利用に関し、今後どのように取り組んでいけばよいでしょうか。

A 　本書を通じ、破産管財人として、また破産の申立代理人として、未払賃金立替払制度が企業の倒産時における労働者に対するセーフティネットとして果たす役割を再認識できたと思いますが、適正かつ迅速との両面の要請を果たすためにはどうしていけばよいか、今後も継続的に考えていく必要があると思われます。

　おそらく、機構も破産管財人も思うところには共通する部分があるはずで、互いの立場を理解し合い、適切なコミュニケーションを図ることが大切であろうと思われます。

　この点、巻末【資料22】「未払賃金立替払事業に係る不正請求の防止及び審査の迅速化等に関する検討会・検討結果報告書（平成27年11月19日）」は、機構と破産管財人経験者との間の貴重な対話・検討の成果物であろうと思います（この全文は、日本弁護士連合会会員専用ページに掲載されています）。委員の総意としてまとめた「未払賃金立替払に係る証明を行う破産管財人の基本的立場について」を伝え続けることであろうと考えています（野村剛司編著『実践フォーラム　破産実務』79頁以下（青林書院、2017年）も参照）。

　なお、日本弁護士連合会では、弁護士会員向けeラーニングにおいて、未払賃金立替払制度の研修（筆者が講師）を配信しており、本書と併せて活用していただくと日々の業務に役立つものと思われます。

Q110　賃金の支払の確保のために

企業の倒産にあたって、賃金の支払の確保のために、どのような対応が望まれますか。

　以下は、初版の共著者吉田氏の意見であることから、第2版においてもそのまま掲載いたします。

　賃金の支払は、労働者を拘束し指揮に従わせている使用者に課せられた、基本的かつ最低限の義務です。賃金を支払わないまま「人」を使用することは、労働基準法によって刑事罰をもって禁じられている行為であるとともに、人倫にもとる行為といえます。

　企業の倒産に際しても、賃金の支払のために最大限の努力が行われなければならないところですが、立替払いが請求される事案をみていますと、長期間全く賃金を支払わないなど、賃金支払の努力が行われていることを疑わざるを得ない事例が散見されます。

　このような使用者に対しては、刑事責任の追及を含めた一層の厳格な対応が望まれます。

　また、使用者はいうまでもありませんが、企業の整理や再生にあたる関係者も、このことを十分念頭に置いて、賃金の支払に最大限の努力を払っていただくようお願いします。

　未払賃金立替払制度は、賃金未払いのまま退職を余儀なくされた労働者の生活の安定に資することを目的とする制度で（賃確法1条）、企業の救済を目的とする制度ではありません。

　近年、立替払制度を利用することを前提に、未払賃金に係る労働債権は継承せず事業を第2会社に譲渡する事例が見受けられます。

　正当な対価を得ることなく労働債権を承継しないまま事業譲渡が行われた場合には、破産管財人に否認権の行使を求めるなどの対応を行うこととしていますが、管財業務にあたる関係者におかれても、制度の趣旨を理解いただき、適正な対応が望まれます。

Q111　破産管財人としての立法提言

未払賃金立替払制度の利用に関与する破産管財人として、現在の制度につき、立法提言したい点はどのようなものがありますか。

A 　ここでは、2つの立法提言をしたいと思います。

1つ目は、未払賃金立替払制度において立替払いの対象となるのは、破産手続開始申立ての6カ月前の日から2年間に退職した労働者となっていますので（賃確令3条1号。Q5、Q31参照）、破産手続開始申立てが遅れると立替払いが受けられないことになりますが（この点の元従業員の対応としては、労働基準監督署に事実上の倒産認定の申請を行うことになります。Q80参照）、労働者のセーフティネットとしての役割を果たすためには、退職日を基準にするのが合理的です。なお、対象となる定期賃金については、基準退職日の6カ月前の日から立替払請求の日の前日までの間に支払期日が到来したものとなっており、退職日基準となっています（賃確令4条2項）。この点に関しては、破産法が財団債権とする給料債権についても破産手続開始決定日を基準にその3カ月前に遡ることになっていますので（破産法149条1項）、破産申立てが遅れ、破産手続開始決定が遅れると、財団債権部分が減る（場合によってはなくなります）ことになります。そこで、端的に、退職日の3カ月前に遡ることに変更するのが合理的です。なお、退職金債権については、そのうち退職前3カ月分の給料の総額が財団債権となっています（同条2項）。

もう1つは、解雇予告手当は立替払いの対象となっていませんが（労働基準法24条2項本文の「賃金」（定期賃金）に該当しないことから。Q5、Q36参照）、立替払いの対象となるよう改正すべきです。併せて、破産法においても、優先的破産債権と解されている解雇予告手当につき、実質的な給料該当性を認め、財団債権化を図るべきです（現状の対処法としては、Q15参照）。

以上につき、『続・提言　倒産法改正』35頁以下（金融財政事情研究会、2013年）を参照してください（なお、労働債権に関する倒産法改正提言については、参考文献に挙げたものを参照してください）。

参考資料

【資料1】 未払賃金立替払いの要件等に関するチェックリスト

(注) 文中に【報告書】とあるのは、証明者に、判断の根拠等に関する報告書
の提出を求めている項目です。

1 事業主に関する事項

□法律上の倒産手続が取られているか。 〈Q5〉

□事業活動が行われていたか(ペーパーカンパニーではないか)。〈Q11、19、85〉

　◇事業運営に関する記録 (取引先との契約、営業記録、電話・イ
ンターネットの加入等) はあるか。

□同居の親族以外の労働者を、1年以上の期間にわたって使用して
いたか。 〈Q18、19〉

□労災保険の適用事業か (5人未満の農業水産業などの暫定任意適
用事業ではないか)。 〈Q20〉

　◇暫定任意適用事業の場合、労災保険の加入手続はとられている
か。

□破産手続等の申立書 (倒産の経緯が判明する部分を含む。) ((写)
以下同じ。)・決定書・商業登記簿謄本は機構へ送付したか。

〈Q58、巻末【資料2】の1〉

2 労働者に関する事項

(1) 労働者の所属

□倒産した企業に勤務していた事実は、客観的な資料によって確認
できるか。 〈Q21〉

　◇労働者名簿、出勤簿、賃金台帳等の資料はあるか。

□倒産した企業が、賃金支払義務を負っているか。 〈Q21〉

　◇派遣労働者については、倒産した企業は派遣元か。

　◇出向者については、倒産した企業に在籍していたか。

(2) 労働者性 (労働基準法上の労働者か)

□事業主の親族・取締役等の役員について、労働者と判断できるか。 〈Q22、24〉

　◇事業の代表者ではないか。

　◇事業主の同居の親族の場合、事業主の指揮監督に従って、他の
労働者と同様の就労実態であり、賃金も労働時間に応じて支払
われていたか。【報告書】

　◇事業主の同居以外の親族の場合、労働に従事していたか (勤務

していたか)。【報告書】

◇取締役・監査役等の役員の場合、事業主の指揮監督に従って労働に従事していたか。【報告書】

◇顧問・コンサルタントなどの、使用従属下の労働に従事していない者ではないか。

□建設請負従事者について、労働者と判断できるか。【報告書】

〈Q26、巻末【資料13】〉

◇仕事の依頼や業務に従事すべき旨の指示等に対して、諾否の自由があったか。

◇具体的な工法や作業手順等の指揮監督を受けていたか。

◇始業終業の時刻等に拘束され、管理されていたか。

◇他の工務店の仕事をすることを禁じられていたか。

◇報酬は、出来高払制か(否定的要素)。固定的なもの(日当など)であったか。

◇大工道具等の作業に必要な用具は、自己の所有か(否定的要素)。

◇使用者の命令、依頼等によって、通常業務以外の業務に従事することがあったか。

◇本人に代わって、他の者が作業することが認められていたか(否定的要素)。

◇報酬の性格が、使用者の指揮監督のもとに労務を提供することの対価と判断できるか。

◇業務遂行上の損害に責任を負っていたか(否定的要素)。

◇独自の商号の使用が認められていたか(否定的要素)。

◇採用等の選考過程が、正規従業員とほぼ同様であったか。

◇報酬について、給与所得として源泉徴収を行っているか。

◇労働保険や、社会保険の適用対象となっているか。

◇服務規律、退職金制度、福利厚生を適用しているなど、使用者が労働者と認識しているか。

◇他の労働者を使用しているなど経営責任を負う事業主ではないか。

□雇用契約以外の者(非典型労働者)について、労働者と判断できるか。【報告書】 〈Q28、巻末【資料12】〉

◇傭車契約の運転手、委任・請負契約のエンジニア・プログラマー、在宅勤務者などについて、労働時間の拘束を受け、使用

従属下の労働に従事していたか。

◇家内労働者（内職）ではないか。

(3) 労働者の属性など

□労働者の氏名は、戸籍と一致しているか。→運転免許証など、戸
籍上の氏名の記載された公的書類の送付。　　　　　　　　　　〈Q83〉

□労働者は、死亡していないか。→除籍後の戸籍全部事項証明書
（戸籍謄本）・代表者選任届を送付。　　　　　　　　　　　　〈Q84〉

□海外支店の勤務者ではないか。　　　　　　　　　　　　　　〈Q20〉

□外国籍の労働者ではないか。→「パスポート・在留カード」等、
「振込先の通帳」（写）の送付が必要。　　　　　　　　　　　〈Q82〉

□船員ではないか。→「立替払請求書」の送付先は、機構ではなく、
地方運輸局等。　　　　　　　　　　　　　　　　　　　　　〈Q29〉

□公序良俗に反する業務に従事していた者ではないか。　　　　〈Q30〉

(4) 基準退職日等に関する要件

□退職日はいつか。　　　　　　　　　　　　　　　　　　　　〈Q31〉

◇事業活動の停止した日はいつか。その日まで、事業活動、就労
は行われていたか。

◇解雇手続はとられているか。

◇雇用保険の受給、転職、事実上の未就労等の退職の事実の発生
日はいつか。

□退職日は、破産手続開始申立日等の6カ月前の日以降2年間の期
間内か。　　　　　　　　　　　　　　　　　　　　　　　　〈Q31〉

□民事再生から破産に移行した場合、対象となる期間に退職してい
るか。　　　　　　　　　　　　　　　　　　　　　　　　　〈Q33〉

□解雇係争中の者はいないか。　　　　　　　　　　　　　　　〈Q46〉

3　定期賃金に関する事項

(1) 約定賃金

□約定賃金の額は、客観的な資料によって特定できるか。　　　〈Q35〉

◇提示された賃金台帳は、当該事業場で調整され、使用されてい
たものか。

◇給与振込記録、納付された社会保険や雇用保険の額から、約定
賃金の額が確認できるか。

◇賃金が高額な場合（月50万円以上）、その理由は何か。【報告書】

◇前年度の企業の税務申告や本人の課税証明から、約定賃金の額
　が確認できるか。

□賃金の締切り、支払日は、いつか。　　　　　　　　　　　　〈Q47〉

□基本給の額は、いくらか。基本給は、時間給・日給・月給のいず
　れか、出来高給の場合、どのような計算方法か。　　　　　　〈Q47〉

□どのような手当がどのような基準で支給されていたか。　　　〈Q47〉

(2)　未払賃金額の特定

□賃金未払いは、いつから始まっているか。　　　　　　　　　〈Q35〉

□いつまでの賃金が未払いか。　　　　　　　　　　　　　　　〈Q35〉

□未払いが長期に及び一部支払がある場合は、どの部分に充当され
　たか。　　　　　　　　　　　　　　　　　　　　　　　　　〈Q47〉

□長期間（約4カ月以上）賃金が全く支払われていない場合、生計
　はどのように維持されていたのか。また、労働基準監督署に賃金
　未払いの相談などは行われていたのか。【報告書】　　　　　〈Q35〉

□未払期間中（退職日まで）の就労は、客観的な資料によって確認
　できるか。　　　　　　　　　　　　　　　　　　　　　　　〈Q35〉

□未払賃金額について、争いはないか。
　◇未払賃金額について、使用者は認めているか。
　◇未払賃金額について、労働者は認めているか。

(3)　不相当に高額な部分の有無

□定期賃金は、増額改定されていないか。　　　　　　　　　　〈Q38〉

□未払期間中に、賞与（ボーナス）は支払われていないか。　　〈Q38〉

(4)　立替払いの対象となる賃金

□立替払請求を行う未払賃金は、退職の6カ月前から機構への請求
　日の前日までに支払期日が到来したものに限られているか。　〈Q36〉

□立替払請求額は、所得税、社会保険料等の法定控除前の賃金総額
　となっているか。　　　　　　　　　　　　　　　　　　　　〈Q36〉

□解雇予告手当、出張旅費、所得税の年末調整の還付金、業務に使
　用するガソリン代、福利厚生上の給付などの賃金以外のものが含
　まれていないか。　　　　　　　　　　　　　　　　　　　　〈Q36〉

□賞与、出産祝金、臨時に支払われる賃金等の定期賃金以外のもの
　が含まれていないか。　　　　　　　　　　　　　　　　　　〈Q36〉

□社宅費、昼食費、貸付金返済金、会社製品購入費などの本人の負
　担に係る費用（労働者の同意を得て控除しているもの）は、控除

されているか。　　　　　　　　　　　　　　　　　　　　　〈Q36〉

　□退職日が賃金計算期間の途中の場合、日割計算がされているか。〈Q42〉

　□時間外手当が支払われていない事業場について時間外手当等を証
　　明する場合、労働した時間は把握できるか。時間外労働に関する
　　規定の適用除外者ではないか。【報告書】　　　　　　　　　　　〈Q43〉

　□約定賃金額は、最低賃金額以上か。　　　　　　　　　　　　　　〈Q44〉

　□立替払請求に係る定期賃金は、第三者から差し押さえられていな
　　いか。　　　　　　　　　　　　　　　　　　　　　　　　　　　〈Q36〉

4　退職金に関する事項

(1)　退職金制度の有無

　□退職金を支給することおよびその支給基準が定められていて、退
　　職金の支払が労働条件となっていたか。　　　　　　　　　　　　〈Q48〉

　□就業規則に、退職金規程などの退職金に関する定めがあるか。　〈Q48〉

　　◇当該就業規則（退職金規程）は、労働基準監督署に届け出られ
　　　ているか。　　　　　　　　　　　　　　　　　　　　　　　　〈Q49〉

　　◇当該就業規則（退職金規程）は、労働者に知らされていたか。〈Q49〉

　　◇当該就業規則（退職金規程）には、①自己都合と会社都合の別
　　　②労働者の類型（正職員、パート・嘱託は除くなど）③支払期
　　　日④規程の施行日⑤根拠となる就業規則の条文、に関する規定
　　　が備わっているか。　　　　　　　　　　　　　　　　　　　　〈Q49〉

　□過去の退職者に、定められた支給基準どおりの退職金が支払われ
　　ていたか。　　　　　　　　　　　　　　　　　　　　　　〈Q49、52〉

　□就業規則（退職金規程）の届出や過去の支給実績が確認できない
　　場合、退職金の支給が労働条件となっていたことを示す客観的な
　　資料はあるか。【報告書】　　　　　　　　　　　　　　　　　　〈Q52〉

　　◇中小企業退職金共済制度などの社外積立制度に加入していた
　　　か。　　　　　　　　　　　　　　　　　　　　　　　　　　　〈Q57〉

　　◇決算書への退職引当金の計上など、退職金の支払に備えた経理
　　　上の手当や準備は行われていたか。　　　　　　　　　　　　〈Q52〉

　　◇ハローワークへの求人票には、退職金制度があるとの記載が
　　　あったか。　　　　　　　　　　　　　　　　　　　　　　　　〈Q52〉

　□個々の労働契約など退職金規程以外のものを退職金の根拠とする
　　場合、退職金の支払が労働条件となっていたと判断できるか。

【報告書】　　　　　　　　　　　　　　　　　　〈Q54〉
　　◇当該労働契約は書面によっているか。また、退職金の支給基準
　　　は明確か。
　　◇就業規則ではなく、個々の労働契約によった理由は合理的か。
　　◇過去にも同様の事例があり、基準どおりの退職金が支払われて
　　　いるか。
　　◇退職金の支払準備は行われていたか。
　　◇ハローワークの求人票の記載等の客観的な資料はあるか。
　□慣行があったとする場合、退職金の支払が労働条件となっていた
　　と判断できるか。【報告書】　　　　　　　　　　　　　　〈Q54〉
　　◇支給基準は明確か。支給基準を記載した何らかの書面はあるか。
　　◇過去の退職者の全員に、同様の支給基準で、退職金が支給され
　　　ているか（任意的、恩恵的なものではないのか）。
　　◇退職金の支払準備は、行われていたか。
(2)　不相当に高額な部分の有無
　□正常な事業活動に支障が生じた時期以降に、退職金制度が新設さ
　　れていないか。　　　　　　　　　　　　　　　　　　〈Q48〉
　□正常な事業活動に支障が生じた時期以降に、退職金の支給基準や
　　計算の基礎となる定期賃金が増額改定されていないか。　〈Q48〉
(3)　退職金制度の適用対象
　□請求者は、退職金規程の適用対象となる労働者か（臨時、パート
　　等退職金制度の適用対象外の者ではないか）。　　　　〈Q57〉
　□勤続年数や、退職事由などは、支給基準に該当しているか。　〈Q57〉
(4)　退職金の支払期日
　□退職金の支払期日は、退職の6カ月前から機構への請求日の前日
　　までとなっているか。　　　　　　　　　　　　　　　〈Q5〉
　　◇定年後の継続雇用者について、支払期日が徒過していないか。
　　【報告書】　　　　　　　　　　　　　　　　　　　〈Q56〉
(5)　未払退職金額等の特定【報告書】
　□支給基準に定められた退職金の計算基礎となる各要素は確認でき
　　るか。　　　　　　　　　　　　　　　　　　　　　　〈Q57〉
　　◇退職金の計算基礎となる賃金額は、確認できるか。
　　◇勤続年数は、確認できるか。年未満の月数の取扱いはどのよう
　　　になっているか。

◇退職事由別の支給基準および退職事由は、確認できるか。

◇職位や役職等によって支給基準が異なる場合は、当該職位等は、
確認できるか。

□定年後の勤続期間等は、通算されていないか。 〈Q57〉

□労働者に会社からの貸付金等の債務はないか。 〈Q57〉

◇退職金規程または労働者の同意により退職金からの控除が行え
るか。

□退職金の一部支払は行われていないか。 〈Q57〉

◇企業から、退職金は支払われていないか。

◇中小企業退職金共済制度などの社外積立制度に加入していた
か。当該社外積立から退職金は支払われていないか。

□退職金の額などに、争いはないか。

◇未払賃金額について、使用者は認めているか。

◇未払賃金額について、労働者は認めているか。

□労働者が死亡している場合、受給権者は特定できるか。【報告書】 〈Q84〉

5 立替払請求に係る未払賃金総額・除斥期間

□立替払請求を行う未払賃金総額は、2万円以上か。 〈Q5〉

□立替払額の計算は、未払賃金総額か年齢による上限額のいずれか
低い額となっているか。 〈Q5〉

□立替払請求額は、未払賃金総額（上限額）に8割を乗じ、1円未
満の端数を切り捨てた額となっているか。 〈Q5〉

□破産手続開始決定日等の翌日から2年以内に、機構に立替払請求
が行えるか。 〈Q5〉

6 立替払請求書・証明書の記載 〈巻末【資料4】〉

(1) 証明書の記載

□証明書の各欄は、記入上の注意事項に沿って、もれなく記入して
いるか。

□発行した証明書は、写しを作成し、記録しているか。 〈Q63〉

(2) 請求書の記載 〈巻末【資料4】〉

□立替払請求書の氏名・立替払請求金額は、証明書と一致している
か。

□立替払請求書の各欄は、記入上の注意事項にしたがって、もれな

く記入されているか。

□振込先金融機関がゆうちょ銀行の場合、通帳（写）が添付されているか。 〈巻末【資料2】〉

□立替払金振込先の口座名義人が、請求人氏名と一致しているか。 〈Q83〉

(3) 退職所得の受給に関する申告書の記載など

□立替払請求書の「退職所得の申告書」欄は、記入上の注意事項に沿って、もれなく記入されているか（定期賃金のみの未払いであっても、記入が必要）。 〈Q81〉

□社外積立などで、他に退職金を受け取っている場合、正規の申告書および当該退職金に係る「源泉徴収票」（写）は、添付されているか。 〈Q81〉

【資料2】　未払賃金立替払いに係る提出依頼資料

1　倒産等の事由及び事業場に関する資料

| 法律上の倒産に係る申立書（写）

（申立日、申立ての経緯及び理由、労働者の解雇・退職の状況、労働債権の状況のわかるもの）

| 法律上の倒産に係る決定書（写）

| 商業登記簿謄本(写)

2　定期賃金に関する資料

| 賃 金 台 帳(写)

（退職月を含む前6カ月分）

※　賃金台帳が調製されていない場合、または、現存していない場合は、以下のいずれかの資料（写）

・　労働者が受け取っていた給料明細書

・　賃金が振り込まれていた通帳の該当ページ

※　必要に応じて以下の資料（写）の提出をお願いする場合があります。

・　労働条件通知書、雇入通知書、労働（雇用）契約書

・　出勤簿、タイムカード、手帳等の出勤記録

・　所得税に係る源泉徴収簿、課税証明等の税務関係の書類

・　雇用保険の被保険者離職証明書等、未払賃金額が推認できる資料

・　破産手続開始後の期間に未払賃金がある場合は、事業活動に関する資料

・　就業規則、賃金規程

| 未払賃金計算書

※　退職日が賃金計算期間の途中の場合は、月決めの賃金（月給）・諸手当を日割計算

〔日割計算の方法〕

①就業規則、賃金規程等に定められた方法がある場合は、その定めによる。

②定めがない場合→実労働日数／（月平均）所定労働日数

（年間の1月平均所定労働日数の確認が困難な場合は、当該月の所定労働日数）

③実労働日数が不明な場合→基準退職日までの暦日数／賃金計算期間の暦日数

※　賃金台帳が調製されていない場合は、各賃金の支払期日毎に、未払額の明細

・　基本賃金（月給、日給、時間給、出来高給の別）

・　各種手当の額

- ・　支払済の賃金額
- ・　未払額及び算出根拠〔労働日数、労働時間数、時間外・休日・深夜労働時間数等〕

3　退職手当に関する資料

就業規則・賃金規程・退職金規程（写）

※　退職金規程の労働基準監督署への届出が確認できない場合は、以下のいずれかの資料（写）
- ・　過去の退職者に対する退職手当の支払実績を示す資料
  （支給者への振込記録、経理関係帳簿・決算書への退職金の計上、税務申告の記録、受給者の報告書等）
- ・　退職金引当金の計上のある貸借対照表等の経理書類
- ・　退職金制度に関する記載があるハローワークの求人申込書・求人票

未払退職手当計算書

※　退職金の基礎となる事項（基本賃金額、勤続年数（月数）、職階等）が明らかになるよう、該当項目に応じ以下の資料（写）
- ・　基本賃金額：賃金台帳
- ・　職階等：労働者名簿、人事記録

雇入年月日と基準退職日を確認することができるもの

（雇用保険被保険者資格喪失確認通知書や労働者名簿の写し）

4　労働者性に関する資料

(1)登記上の役員（取締役・監査役）

(2)経営者の親族

(3)建設請負従事者等

労働基準法上の労働者と判断される勤務内容に関する破産管財人等の報告書

※　必要に応じて、雇用保険・社会保険の加入状況、出勤状況に関する記録、雇用や請負に関する契約書等（写）の提出をお願いする場合があります。

5　請求者からの提出が必要な資料（退職所得の申告及び口座振込に関する資料）

(1)会社や加入していた社外積立の退職金制度から退職手当の支払を受けている場合

退職所得の源泉徴収票（写）

退職所得の受給に関する申告書・退職所得申告書（税務署備付の緑字の用紙）

※　未払賃金の立替払金は租税特別措置法第29条の4の規定により退職所得扱い
　　となるため、定期賃金のみの立替払請求であっても、立替払請求書の「退職所
　　得の受給に関する申告書・退職所得申告書」欄の記入が必要です。

⑵外国籍の労働者

パスポート（顔写真と日本国入国日・出国日が記載されている全ページ）、在
留カード（両面）等（写）

振込先の通帳（支店名、口座番号、口座名義人が記載されたページ）（写）

※　税法上の居住者か否かの確認、及び、誤振込の防止のため

⑶ゆうちょ銀行への振込希望者

振込先の通帳（店名、店番、口座番号、口座名義人が記載されたページ）（写）

※　平成19年の制度改正に伴い、店番等が変更されたので、誤振込の防止のため

【資料3】 立替払請求書受付時のFAX送付状

送　信　先		発　信　元	
名　前	破産者 破産管財人弁護士 様	名　前	独立行政法人労働者健康安全機構 賃金援護部　審査課
		電話番号	０４４－４３１－８６６２
		FAX番号	０４４－４１１－５５４３
		住　所	〒211-0021 神奈川県川崎市中原区 木月住吉町１番１号

用　件	未払賃金立替払について	送付枚数	３　枚

□至急！　　　☑ご確認ください　　　□ご返信ください　　　□ご参考まで

　当機構の未払賃金立替払事業にご協力いただき、厚く御礼を申し上げます。

　さて、標記の件につきまして、未払賃金の審査のため、別紙１の資料（☑印があるもの）が必要となりますので、ご提出をお願いいたします。

　また、併せて別紙２記載の事項についても、ご留意をお願いいたします。

　具体的な内容につきましては、後日担当者からご連絡申し上げますので、よろしくお願いいたします。

(別紙1)

- ☐ 破産等の申立書（写）
    - ※ 申立日、申立ての経緯及び理由、労働者の解雇・退職の状況、労働債権の状況、会社名（フリガナを付けて下さい。）がわかるものをご提出下さい。
- ☐ 破産等の決定書（写）
- ☐ 商業登記簿謄本（写）
- ☐ 賃金台帳（写）※証明者印をお願いします。
    - ※ 退職月を含む前6か月分の労働基準法第108条によって調製が義務付けられている賃金台帳をご提出下さい。
    - ※ なお、賃金台帳が紛失してしまっている場合は、労働者が受け取っていた給料明細書、出勤簿・タイムカード等の未払賃金額が確認できる資料をご提出下さい。
- ☐ 未払定期賃金計算書（任意様式）※証明者印をお願いします。
    - ※ 各賃金の支払期日毎に、未払額の明細〔基本賃金（月給、日給、時間給、出来高給の別）、各種手当の額、支払済の賃金額、未払額〕及び算出根拠（労働日数、労働時間数、時間外・休日・深夜労働時間数、各種手当の支給基準等）を、ご報告いただくようお願いします。
    - ※ 退職日が賃金計算期間の途中の場合は、退職日以前の労働に対応する部分が立替払の対象となりますので、月額賃金（月決めの諸手当を含む。）を以下の①〜③の方法で日割計算して下さい。
        - ①就業規則等で定められた方法がある場合は、その方法
        - ②実労働日数／（1年間の月平均）所定労働日数（①がない場合）
        - （年間の1月平均所定労働日数の確認が困難な場合は、当該月の所定労働日数）
        - ③基準退職日までの暦日数／賃金計算期間の暦日数（②の実労働日数が不明な場合）
- ☐ 退職金規程（写）、就業規則（写）及び賃金規程（写）※証明者印をお願いします。
    - （但し、退職手当の未払があるとき）
    - ※ 退職金規程の制定年月、労働基準監督署への届出の有無、労働者への周知の有無、過去の退職者に対する退職金の支払状況について、確認できる資料をご提出下さい。
- ☐ 未払退職金計算書（任意様式）※証明者印をお願いします。
    - （但し、退職手当の未払があるとき）
    - ※ 退職金の基礎となる基本賃金額、勤続年数（月数）、職階等によって支給率が異なる場合は当該職階等を疎明する資料（賃金台帳、労働者名簿、人事記録）等をご提出下さい。
    - ※ 雇入年月日及び基準退職日を疎明する資料として、労働者名簿、「雇用保険被保険者資格喪失確認通知書（事業主通知用)」等をご提出下さい。

取締役について

　事業主及びこれと同視すべき取締役等の経営担当者は、労働基準法上の労働者ではありませんので、立替払の対象とはなりません。

　未払賃金の立替払の対象となる賃金は、使用従属関係のもとで行う労働に対して、その報酬として支払われるものに限られます。

　したがって、取締役である者について未払賃金を証明される場合は、以下の点について資料の提出をお願いいたします。

　1　経営への関与について
　　　業務執行権の有無、会社への出資・融資の有無、代表者との生計維持関係に関する資料
　2　労働の内容について
　　　具体的な業務の内容、勤務実績、使用従属関係に関する資料
　3　報酬額について
　　　使用従属下での労働に従事していた割合、他の同種労働者の賃金額、役員報酬規程の有無に関する資料

《参考》
　※　「或事業の業務主体について従属的労働関係が成立することは、観念上不能に属するから、無論事業主若しくは、これと同視しうべき経営担当者については、労働者の地位の兼併というが如きことは有りえないものといわなければならない。」（大阪地裁判決　昭30.12.20東亜自転車事件）
　※　「法人、団体、組合の代表者又は執行機関たる者の如く、事業主体との関係において使用従属の関係に立たないものは労働者ではない。」（厚生労働省労働基準局解釈例規昭23．1．9基発第14号、昭63．3．14基発第150号、平11．3．31基発第168号）
　※　「法人の所謂重役で業務執行権又は代表権を持たない者が、工場長、部長の職にあつて賃金を受ける場合は、その限りにおいて労働基準法第9条に規定する労働者である。」（厚生労働省労働基準局解釈例規　昭23．3．17基発第461号）
　※　賃金の定義
　　　「広く使用者が労働者に支払うもののうち、労働者がいわゆる使用従属関係のもとで行う労働に対して、その報酬として支払うもの」（吾妻「労働基準法」、厚生労働省労働基準局編「労働基準法」）

不相当に高額な部分について

　事業活動に著しい支障が生ずるに至った時期又は未払賃金が発生している期間に賃金の改定が行われたり、退職金制度の新設や改定が行われた場合は、その結果増額された額は、不相当に高額な部分として未払賃金の総額から控除することとされていますので、ご留意願います。

【資料4】 未払賃金立替払請求書・証明書・退職所得申告書

| 労働者健康安全機構送付用 | | 機構整理番号 | |

（未払賃金の立替払請求書
様式第 8 号）

未払賃金の立替払請求書

賃金の支払の確保等に関する法律第7条の規定に基づき、次のとおり未払賃金の立替払を請求します。

独立行政法人 労働者健康安全機構理事長 殿　　請求年月日　　　　年　　　月　　　日

請求者	フリガナ							男・女	生		年	月	日
	氏 名								大正 昭和 平成 令和		年	月	日
	〒　　　－												
	現住所												※

| 立替払請求金額 | 百万 | 拾万 | 万 | 千 | 百 | 拾 | 壱 | 電話番号 | | |
| | | | | | | | 円 | （　　　　）　　　－ | | |

◎立替払金振込先金融機関の指定（請求者本人名義の普通預金口座に限ります。）

金融機関名							（番号を○で囲んでください。） ① 銀行 ② ゆうちょ銀行（郵便局） ③ 信託銀行 ④ 信用金庫 ⑤ 信用組合 ⑥ 労働金庫 ⑦ 農業協同組合（漁業協同組合は利用できません。）
フリガナ							（注意事項） 1 ゆうちょ銀行を指定する方は、振込用の店名・店番・口座番号を記入してください。
本・支店（支店）名 （出張所）							
本・支店番号							2 ゆうちょ銀行を指定する方は、通帳の写し（名義人・口座番号がわかる部分）を添付してください。
普通預金口座番号							3 外国籍の方（日本語に不安がある方）は、誤振込防止のため、2と同様に通帳の写しを添付してください。
フリガナ							
口座名義人							

退職所得の受給に関する申告書・退職所得申告書

川崎北税務署長殿 市　町　村　長　殿	年分		提 出 日	上記立替払請求書記載請求年月日のとおり	
氏　　　名			退職年月日	年　　月　　日	
退職した年の 1月1日現在の 住所	〒		あなたが退職した会社における勤続期間	自　年　月　日 至　年　月　日	年 *1年未満の端数は切り上げる。
現　住　所	上記立替払請求書記載のとおり		障害者になったことにより退職した事実の有無	有　・　無	
非居住者の方は 国籍名を記入			入国年月日	年　　月　　日	
退職所得の支払者 の住所及び名称	所在地	神奈川県川崎市中原区木月住吉町1番1号	名称	独立行政法人 労働者健康安全機構	

1　この立替払金のほかに、前に退職手当等の支払を受けたことがある方は、この申告書には記入しないで、税務署に備え付けてある「退職所得の受給に関する申告書（以下「税務署備付申告書」）に必要事項を記載のうえ提出してください。また、本年中に他に退職手当等の支払を受けたことがある方は、「税務署備付申告書」に支払者が交付した「退職所得の源泉徴収票」を添付して提出してください。

2　1以外の方は、**必ず上欄の申告書（太枠欄）に記入してください。**
　　なお、非居住者（次のいずれかに該当する人。ア　日本国内に住所も居所もしない人。イ　日本国内に住所がなく、かつ、日本国内に引き続き居所を有している期間が1年に満たない人。）の方は、所得税法及び租税条約に基づく課税となりますので、上欄の申告書に国籍名、入国年月日を記入してください。

3　上欄の申告書に記入がない場合又は「税務署備付申告書」の提出がない場合は、支払金額の20．42％相当額が退職所得に係る源泉徴収税額となります。

（注意）
立替払の請求ができる期間は、再生又は更生について、裁判所の決定があった日の翌日から起算して二年間です。又は破産、特別清算、労働基準監督署長の認定があった日の翌日から起算して二年間です。

※現住所は、番地まで正確に書いてください。
住宅団地・アパート・マンション・社宅・宿舎又は寄宿の場合は、その名称・棟・号又は寄宿先の氏名を必ず書いてください。

証　明　書

（未払賃金の立替払事業）
様式　第　７　号

※ 裏面の「証明書記入上の注意」
により記入してください。

| 証明年月日 | 年　月　日 | 証明書番号 | |

退職労働者	⑦	フリガナ 氏　名	
		生年月日	大正 昭和 平成 令和　年　月　日（　歳）
		（住所）	

証明者	（職　名）
	（氏　名） 印
	（住　所）〒

| 本　社 （事業主） | （ 名称又は 氏　名 ） |
| | （ 所在地又は 住　所 ）〒 |

電話　（　　　　　）　　　－

業種番号

| 事業場 | （名　称） |
| | （所在地）〒 |

電話　（　　　　　）　　　－

労働者数　　人

① 1年以上事業活動 を行っていたこと。

企業設立　　年　月　日
企業閉鎖　　年　月　日

倒産等 の事由

（　　　　　　）地方裁判所（　　　）支部の
ア 破産手続開始決定　　イ 特別清算開始命令
ウ 再生手続開始決定　　エ 更生手続開始決定
③ 裁判所への申立日　　年　月　日
④ 裁判所の決定日　　　年　月　日

雇　入　年　月　日　　　　年　月　日

⑤ 基 準 退 職 日　　　　年　月　日

② 労災保険の適用事業主であること。

⑥ 退 職 事 由
（更生手続の場合のみ記入）

ア 会社都合（定年を含む。）
イ 自己都合

退職金制度 加入の有無

有

無

ア 中小企業退職金共済制度
イ 特定退職金共済制度
ウ 適格退職年金制度
エ 調整年金制度 オ その他

⑧の賃金債権の裁判所 への届出（破産手続、 又は更生手続の場合の み必ず記入）

ア 届出済額　　イ 届出をしていない

賃　金　　　　　円
退職金　　　　　円

⑧ 未 払 賃 金 の 額	賃金の 種類	支払期日 年　月　日	基本賃金 （円）	手当 （円）	手当 （円）	手当 （円）	手当 （円）	計 （円）	支払済額・ 差引額（円）	未払賃金の 額（円）
	定 期 賃 金									
	小　　計									
	退職 手当	年　月　日								

| 賃金 締切日 | 毎月　　　日 | 賃金の 支払方法 | 月給　週給　日給　時間給 出来高制　その他（　　　） | 合計 | |

未 払 賃 金 の 立 替 払 額 の 計 算

| 未払賃金総額又は限度額 （　　）万円のいずれか低い額 | | 未払額金の立替払額 ※1円未満の端数は切り捨てる。 | | 備 考 |

| 百万 | 拾万 | 万 | 千 | 百 | 拾 | 壱 | 円×0.8 ＝ | 百万 | 拾万 | 万 | 千 | 百 | 拾 | 壱 | 円 |

機構記入欄	課長	班長	係	立 替 払 支 給 額
				百万 拾万 万 千 百 拾 壱 円
	照合	特記事項		税 額 控 除 後 支 給 額
				百万 拾万 万 千 百 拾 壱 円

所　得　税		円	源泉徴収票
市町村民税		円	
都道府県民税		円	追加支給
税 額 控 除 額		円	

2020.12

様式第7・8号

証明書記入上の注意

1. 立替払の対象となる者

　立替払の対象となる者は、破産手続開始の決定、特別清算開始の命令、再生手続開始の決定又は更生手続開始の決定（以下「破産手続開始の決定等」といいます。）があった事業主に雇用されていた労働基準法上の労働者であって、破産手続開始、特別清算開始、再生手続開始又は更生手続開始の申立て（以下「破産手続開始等の申立て」といいます。）の日の6か月前の日から起算して2年間に退職したもので、未払賃金の総額が2万円以上のものですから、これらの要件に該当するものについてのみ証明してください。

2. 証明者

　証明者は、破産手続開始の決定等を行った裁判所又は破産管財人（破産手続開始の決定の場合）、清算人（特別清算開始の命令の場合）、再生債務者等（再生手続開始の決定の場合）、管財人（更生手続開始の決定の場合）です。

3. 証明書番号

　2人以上の退職労働者について証明する場合は、証明書右上の「証明書番号」の欄に通し番号を記入し、最後に証明した者については、通し番号の後に（完）と記入してください。

4. 本社（名称又は氏名）

　「本社（事業主）」の欄の（名称又は氏名）には、事業主が法人の場合は法人の名称、事業主が個人の場合は個人の氏名を記入してください。

5. 業種番号

　「本社(事業主)」の「業種番号」の欄には、企業全体の事業内容から判断して、① 製造業　② 鉱業　③ 建設業　④ 運輸交通業　⑤ 貨物取扱業　⑥ 農林業　⑦ 畜産・水産業　⑧ 商業　⑨ 金融広告業　⑩ 映画・演劇業　⑪ 通信業 ⑫ 教育研究業　⑬ 保健衛生業　⑭ 接客娯楽業　⑮ 清掃・と畜業 ⑯官公署 ⑰その他の事業の中から該当するものを選び、その番号を記入してください。

6. 労働者数

　「本社(事業主)」の「労働者数」の欄には、破産手続開始等の申立てがなされた日のほぼ1年前に、企業全体について、常態として使用していた常用労働者の数を記入してください。ここで、常用労働者とは、2か月を超えて使用され、又は使用されることが予定されている労働者であり、かつ、週当たりの所定労働時間が、当該企業の通常の労働者とおおむね同等である者をいいます。

7. 事業場

　「事業場」とは、退職労働者が働いていた本社、支店、工場、営業所等をいいます。

8. 裁判所への申立日

　③の「裁判所への申立日」の欄には、同一の破産手続開始の決定等に係る破産手続開始等の申立てが2つ以上ある場合には最初の申立ての日を記入してください。

9. 基準退職日

　⑤の「基準退職日」の欄には、当該労働者の退職の日を記入してください。

10. 生年月日

　⑦の「生年月日」の欄の（　歳）には、⑤の基準退職日時点における退職労働者の満年齢を記入してください。

200 【資料4】

11. 賃金・手当

  (1) ⑧の「未払賃金の額」の欄の「定期賃金」とは、労働基準法第24条第2項本文に規定する毎月1回以上、一定の期日を定めて支払われる賃金(税金・社会保険料等の控除の前の額)をいい、「退職手当」とは、退職一時金及び退職年金の双方を含みます。

      なお、完全月給制の労働者が賃金計算期間の中途に退職する場合に、就業規則等により賃金が減額されないこととされている場合であっても、所定労働日数の比率により日割計算した額が、当該賃金計算期間における未払賃金額となります。

  (2) 労働基準法第26条の「休業手当」は、原則として、「未払賃金」の額に含まれますが、事業活動を停止した場合の停止日以後の休業手当は、事業主が事業再開のために具体的な活動を行っている期間中(30日を限度とする。)のもの以外は「未払賃金」の額に含まれません。

  (3) 破産手続開始等の申立ての前後に賃金規程、退職手当規程等が増額改訂された場合の増額された額及び退職手当が新たに設けられた場合の当該退職手当の全額は「未払賃金」の額に含まれません。

  (4) 賞与及び労働基準法第20条の解雇予告手当は「未払賃金」の額に含まれません。

  (5) 「手当」は、それぞれ手当ごとに「名称」と「金額」を記入してください。記入欄が足りないときは、2段に記入し「名称」をその他とすることのないようにしてください。

  (6) ⑦[支払済額]とは、支払われるべき定期賃金及び退職手当のうち既に支払を受けた額をいい、⑦[差引額]とは、事業主の債権に基づく差引額をいいます。「支払済額・差引額」の欄には、⑦と⑦との合計額を記入してください。

12. 各事項の証明に当たっては、事実を明らかにすることができる資料(例えば、①については1年前の日前の税金、社会保険料の納入状況を示す書類、1年前の日前の企業の活動を示す経営諸帳簿、会社の成立・抹消を示す商業登記簿、⑤については解雇辞令、出勤簿等、⑦については運転免許証、国民年金手帳、健康保険被保険者証、雇用保険被保険者離職票、住民票の記載事項証明書(住所、氏名及び生年月日が明らかになるもの)等公的機関の発行に係る書類のうちいずれか(これらにより確認できない場合には、労働者名簿、労働契約書等)、⑧については賃金台帳等)により証明してください。

13. ③、④については**裁判所への申立書(本文(申立ての理由及び申立日の部分)及び会社又は法人登記簿)の写、裁判所の決定書等の写**、また、⑧については退職手当の未払がある場合は**退職手当規程の写及び退職手当の計算明細一覧表**を、1企業につき1部送付してください。あわせて、⑧については**退職月を含む賃金台帳の写及び**11.(1)なお書に該当する場合には**未払賃金計算書の写**(いずれも各退職労働者の状況が分かるもの)を1部送付してください。(送付先 ： 〒211-0021 神奈川県川崎市中原区木月住吉町1番1号 独立行政法人労働者健康安全機構賃金援護部審査課)。なお、退職手当規程及び退職手当の計算明細一覧表、賃金台帳及び未払賃金計算書には、それぞれ管財人等の証明印を押印してください。

＊不正受給について

　偽りその他不正の行為により立替払金を受けたときは、立替払金額の2倍の額の納付を命じられるほか、刑事責任を問われることになります。

【資料5】 未払賃金立替払支給決定通知書（圧着式のはがき）

未払賃金立替払支給決定通知書

独立行政法人 労働者健康安全機構理事長

あなたの未払賃金立替払請求については、下記のとおり立替払を行うことに決定しましたので通知します。

記

支　払　予　定　日	年　　月　　日
立　　替　　払　　額	円
税額控除後支給額	円

1. 上記の未払賃金立替払金の支払いにより、あなたが事業主に対して有する賃金請求権のうち立替払額に相当する額の賃金請求権を、当機構が代位取得したことを通知します。

2. 未払賃金立替払金は、あなたの賃金債権のうち退職手当を第1順位、定期賃金を第2順位（支払期日の異なるものがある場合は、支払期日の到達した順序に従う。）として支払います。

＜お問い合わせ先＞
独立行政法人 労働者健康安全機構
賃金援護部 審査課
TEL 044－431－8664

ご注意　振込先

金融機関、口座番号、口座名義人をご確認ください。
間違っている、あるいはあなたの預金口座等でない場合は、下記のお問い合わせ先までご連絡ください。

※個人情報保護のため、口座番号の一部を＊にて表示しています。

年分　退職所得の源泉徴収票・特別徴収票

支払を受ける者	住所　又は　居所	
	年1月1日の住所	
	氏　　　名	

区　　分	支　払　金　額	源泉徴収税額	特別徴収税額		退職年月日
			市町村民税	道府県民税	
所得税法第201条第1項第1号並びに地方税法第50条の6第1項及び第328条の6第1項第1号適用分					円
所得税法第201条第1項第2号並びに地方税法第50条の6第1項及び第328条の6第1項第2号適用分					
所得税法第201条第3項並びに地方税法第50条の6第2項及び第328条の6第2項適用分					

退職所得控除額	勤続年数	就職年月日	退職年月日
万円	年	年　月　日	年　月　日

（ 摘　要 ）　賃金の支払の確保等に関する法律第7条による未払賃金の立替払金

支払者	住所（居所）又は所在地	神奈川県川崎市中原区木月住吉町1番1号
	氏　名　又　は　名　称	独立行政法人労働者健康安全機構

［様式第３号］

　　　　　　　　　　　　　　　　　　　第　　　一　　　号
　　　　　　　　　　　　　　　　　　　令和　　年　　月　　日

　　　　　　独立行政法人労働者健康安全機構理事長

　　　　　　賃金債権の代位取得について（通知）
　　　　　　　（令和　　年　　月　立替分）

　　賃金の支払の確保等に関する法律（昭和51年法律第34号）第７条の規定
に基づき、下記の事業主に使用されていた別紙の労働者から当労働者健康
安全機構に対し、下記事業主が支払うべき当該労働者に係る未払賃金につ
いて立替払の請求があり、当機構は、当該労働者に対して、未払賃金に係
る債務のうち別紙の金額を下記事業主に代わって弁済しました。この立替
払により、当該労働者が有していた賃金債権については、当機構が弁済し
た金額の限度において代位取得しましたので通知します。
　　なお、立替払による弁済の充当の順位は、当機構の業務方法書の規定に
より、退職手当、定期賃金の順序（退職手当又は定期賃金に弁済期が異な
るものがあるときは、弁済期の到来の順序）となっております。また、指
定充当の結果、当機構が立替払した金員が弁済期を同じくする退職手当や
定期賃金の一部にあたる場合については、当機構が立替払を行ったことに
より代位取得した債権は労働者の労働債権とその性質において同一ですの
で、財団債権部分と優先的破産債権部分の比率に応じて財団債権と優先的
破産債権に按分された金額で弁済してください。
　　おって、本件については、別途債権の届出等裁判上の所要の手続きに参
加しますので、よろしくお願い申し上げます。
　　　　　　　　　　　　　　　　記
事業主の住所、氏名（名称及び代表者氏名）

住　　　　　所
　　　　　　　　‥‥‥‥‥‥‥‥‥‥‥‥‥‥‥‥‥‥‥‥‥‥‥‥‥‥‥‥
氏名（名称及び
代 表 者 氏 名 ）
　　　　　　　　‥‥‥‥‥‥‥‥‥‥‥‥‥‥‥‥‥‥‥‥‥‥‥‥‥‥‥‥

【資料7】 求償手続に関する照会について（ご依頼）

令和　年　月　日

破産管財人　各位

独立行政法人労働者健康安全機構　賃金援護部

令和　年　月分　求償手続に関する照会について（ご依頼）

　平素は、未払賃金立替払事業に御協力を賜り心より御礼申し上げます。当機構が立替を実施しました未払賃金について、適切に処理をするために、誠に恐縮ではございますが、下記について期日までにご回答（FAX：044-411-5543）くださるようお願い申し上げます。御回答期日は次のとおりです。令和　　年　　月　　日

記

1　破産者をお知らせください。　　　　　　　　　　　　　　　　　　　　　　　　　　
2　破産管財人名（担当者名）をお知らせください。　　　　　　　　　　　　　　　　　
3　次回の債権者集会開催日をお知らせください。令和　　年　　月　　日
4　当機構からの裁判所への債権届出等の必要・不要についてお伺いいたします。（ご回答☑ください）
　　□　債権の届出等が必要な場合
　　⑴　立替払をした各労働者から裁判所への債権届出の有無について
　　　　□　債権届出あり　（→⑵をご回答ください）
　　　　□　債権届出なし　【立替払分について「破産債権届出書」を提出いたします】
　　⑵　「未払賃金立替払請求書　証明書」の⑧欄（賃金債権の裁判所への届出）記載事項の変更の有無について
　　　　□　記載した事項に変更なし
　　　　□　記載した事項に変更あり　（各労働者の債権届出状況について、併せてご連絡ください）
　　　　　　【記入に基づき、「名義変更（承継）届出書」又は「債権届出書」を提出いたします】
　　□　債権の届出等が不要な場合
　　⑶　破産廃止（終結）決定（予定）になっている。
　　　　□　破産廃止決定している（破産廃止決定書（写）をご送付ください）
　　　　□　破産廃止予定である
　　⑷□　財団債権扱いのため、裁判所への届出等は不要である。
　　　　　（弁済・配当等がある場合、提出書類等についてご連絡ください）
　　⑸□　債権調査期日が定められておらず、『留保型』になっている。
　　　　　（債権調査期日が設定される等、今後の対応が決定しましたらご連絡ください）
5　当機構へ弁済、配当を行う場合は、下記の口座へお振込みください。（事前にお知らせください）
　　銀 行 名：三菱UFJ銀行　川崎駅前支店
　　口座番号：普通　502****
　　口座名義：(独) 労働者健康安全機構M　ドク) ロウドウシャケンコウアンゼンキコウエム

6　問合せ先
　　〒211-0021　神奈川県川崎市中原区木月住吉町1番1号
　　（独）労働者健康安全機構　賃金援護部
　　　　援護・債権管理課　担当　○○
　　電話：044-431-8665　FAX：044-411-5543

※機構記入欄	
事業場CD	

【資料8】　個人別支払台帳

＊＊個人別支払台帳＊＊　（破産用）

事業場CD：01-043＊＊

事業場名：(株) △△△△

No	労働者の氏名	立替払年月日	立替払の賃金の金額	内　訳		退職金
				年月日	賃金	
1	12-17*** ○○○○	R 2/10/17	183,292	R 2/07/10	183,292	
2	12-17*** ○○○○	R 2/10/17	167,360	R 2/07/10	167,360	
3	12-17*** ○○○○	R 2/10/17	783,234	R 2/01/10	170,000	
				R 2/02/10	120,000	
				R 2/03/10	110,000	
				R 2/04/10	150,000	
				R 2/05/10	170,000	
				R 2/06/10	63,234	
4	12-17*** ○○○○	R 2/10/17	145,104	R 2/07/10	145,104	
5	12-17*** ○○○○	R 2/10/17	192,547	R 2/07/10	192,547	
6	12-17*** ○○○○	R 2/10/17	81,584	R 2/07/10	81,584	
7	12-17*** ○○○○	R 2/10/17	50,480	R 2/07/10	50,480	
8	12-17*** ○○○○	R 2/10/17	30,672	R 2/07/10	30,672	
9	12-17*** ○○○○	R 2/10/17	52,880	R 2/07/10	52,880	
10	12-17*** ○○○○	R 2/10/17	75,268	R 2/07/10	75,268	
11	12-17*** ○○○○	R 2/10/17	35,400	R 2/07/10	35,400	
	合　　計		1,797,821		1,797,821	

独立行政法人　労働者健康安全機構

未払賃金立替払制度における
破産管財人等の証明の手引き

独立行政法人 労働者健康安全機構

賃金援護部 審査課／援護・債権管理課

〒211－0021 神奈川県川崎市中原区木月住吉町1番1号
電話番号 044（431）8663・8662（審査課）、8665（援護・債権管理課）
ＦＡＸ 044（411）5543（共通）／ URL https://www.johas.go.jp

　未払賃金の立替払制度は、企業倒産に伴い賃金が支払われないまま退職した労働者に対し、「賃金の支払の確保等に関する法律」（昭和51年5月27日法律第34号）に基づいて、その未払賃金の一部を政府が事業主に代わって立替払する制度です。

　厚生労働省所管の独立行政法人労働者健康安全機構（以下、「機構」という。）が独立行政法人労働者健康安全機構法第12条に基づき本制度を実施し、立替払を行った時は機構はその立替払金に相当する額について労働者の賃金請求権を代位取得し、事業主等に求償します。

事前に、機構にご連絡・ご相談ください

　次のような場合は、証明書を発行される前に、機構審査課までご連絡・ご相談いただきますようお願いいたします。

① 立替払の要件や手続きなどに疑問がある場合
② 客観的な資料が乏しい場合
③ 証明書を交付した者に対して、立替払が行われる前に財団債権の弁済や優先的破産債権の配当が行われる場合（二重払を避けるため）
④ 多数の請求（100名以上）が見込まれる場合
　　※特に、大型の倒産事案については、証明内容等に共通した誤りがあることが多く、その補正に相当な時間を要し結果的に支払が大幅に遅れることがあります。このような事態を未然に防ぐため、事前相談・事前審査で対応いたしますので、証明書を請求者に交付する前にご連絡いただきますようお願いいたします。
⑤ 民事再生により立替払の証明をする場合
⑥ 船員について立替払の証明をする場合

未払賃金立替払制度の研修会について

　各裁判所、日本弁護士連合会倒産法制等検討委員会、各弁護士会及び全国倒産処理弁護士ネットワーク等が毎年各地で開催する研修会等で、未払賃金立替払制度について説明を行わせていただいております。

　研修会の開催を検討される場合は、機構審査課までご連絡いただきますようお願いいたします。

【資料10】 破産管財人等の証明の手引き（裏表紙）

未払賃金立替払制度の利用に当たっての留意点について

> **退職日から6か月以内に、破産手続開始等の申立てが行われなければ、立替払の対象とはなりません。**

　立替払の対象となる労働者は、破産手続開始等の申立日（または事実上の倒産に係る労働基準監督署長への認定申請日）の6か月前の日から2年の間に当該事業場を退職した者に限られます。（賃金の支払の確保等に関する法律施行令第3条）

> **未払賃金額等については、客観的な資料によって確認をお願いします。**

　未払賃金額や就労状況については、労働者名簿・賃金台帳・就業規則（給与規程・退職金規程等の付属規程を含む。）のほか、以下のような客観的な資料によって、事実関係の確認をお願いいたします。
　① 定期賃金については、口座振込が行われていた通帳等の記録、所得税・社会保険・雇用保険等の納付記録など
　② 退職金については、過去の退職者への支払実績や労働基準監督署への退職金規程の届出など
　③ 就労状況については、タイムカード・出勤簿・工事日報など

> **未払賃金額について、不相当に高額と認められる場合は、立替払の対象とはなりません。**

　事業活動に支障が生ずるに至った時期以降の定期賃金の改定や退職金制度の新設などによって増額された部分は、事業主が通常支払っていた賃金の額に照らし不相当に高額と認められる額に該当し、原則として、立替払の対象とはなりません。
　（賃金の支払の確保等に関する法律施行令第4条第2項、同法施行規則第16条）

> **定期賃金（給料）の未払の場合も、「退職所得の受給に関する申告書・退職所得申告書」の提出が必要です。**

　立替払金は、租税特別措置法により、定期賃金（給料）部分も含めて、退職所得の扱いとなります。
　したがって、立替払請求書の下欄の「退職所得の受給に関する申告書・退職所得申告書」（以下「申告書」という。）欄の記入が必要です。
　なお、立替払金以外に他の退職所得がある場合（中小企業退職金共済制度等の社外積立の退職金の支給を受けている場合など）は、立替払請求書下欄の「申告書」ではなく、正規の「申告書」（税務署備え付けのもの（国税庁または機構ホームページからもダウンロード可能））及び当該退職所得に係る「源泉徴収票・特別徴収票」（写）の提出が必要となりますので立替払請求者にご周知いただくよう、お願いいたします。
　（租税特別措置法第29条の4、所得税法第199条、第201条）

R3.4

【資料11】　退職所得の受給に関する申告書・退職所得申告書

<table>
<tr><td colspan="3" rowspan="2">
　　年　月　日
　　税務署長
　　市町村長　殿</td><td rowspan="2">年分</td><td>退職所得の受給に関する申告書</td></tr>
<tr><td>退　職　所　得　申　告　書</td></tr>
</table>

退職手当等の支払者の	所 在 地（住所）	〒211-0021 神奈川県川崎市中原区 木月住吉町1番1号	あなたの	現住所	〒
	名　称（氏名）	独立行政法人 労働者健康安全機構		氏　名	
	法人番号（個人番号）	※提出を受けた退職手当の支払者が記載してください。		個人番号	
				その年1月1日現在の住所	

A欄
このA欄には、全ての人が、記載してください。(あなたが、前に退職手当等の支払を受けたことがない場合には、下のB以下の各欄には記載する必要がありません。)

① 退職手当等の支払を受けることとなった年月日	年　月　日	③ この申告書の提出先から受ける退職手当等についての勤続期間	自 年 月 日　至 年 月 日
② 退職の区分等　一般・障害　生活扶助　の 有・無		うち特定役員等勤続期間　有 無	自 年 月 日　至 年 月 日
		うち重複勤続期間	自 年 月 日　至 年 月 日

B欄
あなたが本年中に他にも退職手当等の支払を受けたことがある場合には、このB欄に記載してください。

④ 本年中に支払を受けた他の退職手当等についての勤続期間	自 年 月 日　至 年 月 日	⑤ ③と④の通算勤続期間	自 年 月 日　至 年 月 日
うち特定役員等勤続期間	有 無　自 年 月 日 年	うち特定役員等勤続期間　有 無	自 年 月 日
		うち重複勤続期間　有 無	自 年 月 日

C欄
あなたが前年以前4年内（その年に確定拠出年金法に基づく老齢給付金として支給される一時金の支払を受ける場合には、14年内）に退職手当等の支払を受けたことがある場合には、このC欄に記載してください。

⑥ 前年以前4年内（その年に確定拠出年金法に基づく老齢給付金として支給される一時金の支払を受ける場合には、14年内）の退職手当等についての勤続期間	自 年 月 日　至 年 月 日	⑦ ③又は⑤の勤続期間のうち、⑥の勤続期間と重複している期間	自 年 月 日　至 年 月 日
		㋑ うち特定役員等勤続期間との重複勤続期間　有 無	自 年 月 日　至 年 月 日

D欄
A又はBの退職手当等についての勤続期間のうちに、前に支払を受けた退職手当等についての勤続期間の全部又は一部が通算されている場合には、その通算された勤続期間について、このD欄に記載してください。

⑧ Aの退職手当等についての勤続期間（③）に通算された前の退職手当等についての勤続期間	自 年 月 日　至 年 月 日 年	⑩ ③又は⑤の勤続期間のうち、⑧又は⑨の勤続期間だけからなる部分の期間	自 年 月 日　至 年 月 日 年
うち特定役員等勤続期間	有 無　自 年 月 日　至 年 月 日 年	㋺ うち特定役員等勤続期間　有 無	自 年 月 日　至 年 月 日 年
⑨ Bの退職手当等についての勤続期間（④）に通算された前の退職手当等についての勤続期間	自 年 月 日　至 年 月 日 年	⑪ ⑦と⑩の通算期間	自 年 月 日　至 年 月 日 年
うち特定役員等勤続期間	有 無　自 年 月 日　至 年 月 日 年	㋩ うち ㋑と㋺の通算期間	自 年 月 日　至 年 月 日

E欄
B又はCの退職手当等がある場合には、このE欄にも記載してください。

区分		退職手当等の支払を受けることとなった年月日	収 入 金 額（円）	源 泉徴収税額（円）	特別徴収税額 市町村民税（円）	道府県民税（円）	支払を受けた年月日	退職の区分	支払者の所在地（住所）・名称（氏名）
E	B　一般	・ ・					・ ・	一般障害	
	特定役員	・ ・					・ ・	一般障害	
	C						・ ・	一般障害	

(注意) 1　この申告書は、退職手当等の支払を受ける際に支払者に提出してください。提出しない場合は、所得税及び復興特別所得税の源泉徴収税額は、支払を受ける金額の20.42%に相当する金額となります。また、市町村民税及び道府県民税については、延滞金を徴収されることがあります。
　　　　2　Bの退職手当等がある人は、その退職所得の源泉徴収票（特別徴収票）又はその写しをこの申告書に添付してください。
　　　　3　支払を受けた退職手当等の金額の計算の基礎となった勤続期間に特定役員等勤続期間が含まれる場合は、その旨並びに特定役員等勤続期間、年数及び収入金額等を所定の欄に記載してください。

03.06 改正

（規格A4）

労働基準法の「労働者」の判断基準について

第1　労働基準法の「労働者」の判断

1　労働基準法第9条は、その適用対象である「労働者」を「……使用される者で、賃金を支払われる者をいう」と規定している。これによれば、「労働者」であるか否か、すなわち「労働者性」の有無は「使用される＝指揮監督下の労働」という労務提供の形態及び「賃金支払」という報酬の労務に対する対償性、すなわち報酬が提供された労務に対するものであるかどうかということによって判断されることとなる。この二つの基準を総称して、「使用従属性」と呼ぶこととする。

2　しかしながら、現実には、指揮監督の程度及び態様の多様性、報酬の性格の不明確さ等から、具体的事例では、「指揮監督下の労働」であるか、「賃金支払」が行われているかということが明確性を欠き、これらの基準によって「労働者性」の判断をすることが困難な場合がある。

　このような限界的事例については、「使用従属性」の有無、すなわち「指揮監督下の労働」であるか、「報酬が賃金として支払われている」かどうかを判断するに当たり、「専属度」、「収入額」等の諸要素をも考慮して、総合判断することによって「労働者性」の有無を判断せざるを得ないものと考える。

3　なお、「労働者性」の有無を法律、制度等の目的、趣旨と相関させて、ケース・バイ・ケースで「労働者」であるか否かを判断する方法も考え得るが、少なくとも、労働基準関係法制については、使用従属の関係にある労働者の保護を共通の目的とするものであり、また、全国画一的な監督行政を運営していく上で、「労働者」となったり、ならなかったりすることは適当ではなく、共通の判断によるべきものであろう。

第2　「労働者性」の判断基準

　以上のように「労働者性」の判断に当たっては、雇用契約、請負契約といった形式的な契約形式のいかんにかかわらず、実質的な使用従属性を、労務提供の形態や報酬の労務対償性及びこれらに関連する諸要素をも勘案して総合的に判断する必要がある場合があるので、その具体的判断基準を明確にしなければならない。

　この点については、現在の複雑な労働関係の実態のなかでは、普遍的な判断基準を明示することは、必ずしも容易ではないが、多数の学説、裁判例等が種々具体的

判断基準を示しており、次のように考えるべきであろう。

1 「使用従属性」に関する判断基準

(1) 「指揮監督下の労働」に関する判断基準

　労働が他人の指揮監督下において行われているかどうか、すなわち他人に従属して労務を提供しているかどうかに関する判断基準としては、種々の分類があり得るが、次のように整理することができよう。

　イ　仕事の依頼、業務従事の指示等に対する諾否の自由の有無

　「使用者」の具体的な仕事の依頼、業務従事の指示等に対して諾否の自由を有していれば、他人に従属して労務を提供するとは言えず、対等な当事者間の関係となり、指揮監督関係を否定する重要な要素となる。

　これに対して、具体的な仕事の依頼、業務従事の指示等に対して拒否する自由を有しない場合は、一応、指揮監督関係を推認させる重要な要素となる。なお、当事者間の契約によっては、一定の包括的な仕事の依頼を受諾した以上、当該包括的な仕事の一部である個々具体的な仕事の依頼については拒否する自由が当然制限される場合があり、また、専属下請のように事実上、仕事の依頼を拒否することができないという場合もあり、このような場合には、直ちに指揮監督関係を肯定することはできず、その事実関係だけでなく、契約内容等も勘案する必要がある。

　ロ　業務遂行上の指揮監督の有無

　(イ)　業務の内容及び遂行方法に対する指揮命令の有無

　業務の内容及び遂行方法について「使用者」の具体的な指揮命令を受けていることは、指揮監督関係の基本的かつ重要な要素である。しかしながら、この点も指揮命令の程度が問題であり、通常注文者が行う程度の指示等に止まる場合には、指揮監督を受けているとは言えない。なお、管弦楽団員、バンドマンの場合のように、業務の性質上放送局等「使用者」の具体的な指揮命令になじまない業務については、それらの者が放送事業等当該事業の遂行上不可欠なものとして事業組織に組み入れられている点をもって、「使用者」の一般的な指揮監督を受けていると判断する裁判例があり、参考にすべきであろう。

　(ロ)　その他

　そのほか、「使用者」の命令、依頼等により通常予定されている業務以外の業務に従事することがある場合には、「使用者」の一般的な指揮監督を受けているとの判断を補強する重要な要素となろう。

　ハ　拘束性の有無

　勤務場所及び勤務時間が指定され、管理されていることは、一般的には、指揮

監督関係の基本的な要素である。しかしながら、業務の性質上（例えば、演奏）、安全を確保する必要上（例えば、建設）等から必然的に勤務場所及び勤務時間が指定される場合があり、当該指定が業務の性質等によるものか、業務の遂行を指揮命令する必要によるものかを見極める必要がある。

ニ　代替性の有無－指揮監督関係の判断を補強する要素－

　本人に代わって他の者が労務を提供することが認められているか否か、また、本人が自らの判断によって補助者を使うことが認められているか否か等労務提供に代替性が認められているか否かは、指揮監督関係そのものに関する基本的な判断基準ではないが、労務提供の代替性が認められている場合には、指揮監督関係を否定する要素のひとつとなる。

(2)　報酬の労務対償性に関する判断基準

　労働基準法第11条は、「賃金とは、賃金、給料、手当、賞与その他名称の如何を問わず、労働の対償として使用者が労働者に支払うすべてのものをいう。」と規定している。すなわち、使用者が労働者に対して支払うものであって、労働の対償であれば、名称の如何を問わず「賃金」である。この場合の「労働の対償」とは、結局において「労働者が使用者の指揮監督の下で行う労働に対して支払うもの」と言うべきものであるから、報酬が「賃金」であるか否かによって逆に「使用従属性」を判断することはできない。

　しかしながら、報酬が時間給を基礎として計算される等労働の結果による較差が少ない、欠勤した場合には応分の報酬が控除され、いわゆる残業をした場合には通常の報酬とは別の手当が支給される等報酬の性格が使用者の指揮監督の下に一定時間労務を提供していることに対する対価と判断される場合には、「使用従属性」を補強することとなる。

2　「労働者性」の判断を補強する要素

　前述のとおり、「労働者性」が問題となる限界的事例については、「使用従属性」の判断が困難な場合があり、その場合には、以下の要素をも勘案して、総合判断する必要がある。

(1)　事業者性の有無

　労働者は機械、器具、原材料等の生産手段を有しないのが通例であるが、最近におけるいわゆる傭車運転手のように、相当高価なトラック等を所有して労務を提供する例がある。このような事例については、前記1の基準のみをもって「労働者性」を判断することが適当でなく、その者の「事業者性」の有無を併せて、総合判断することが適当な場合もある。

イ　機械、器具の負担関係

本人が所有する機械、器具が安価な場合には問題はないが、著しく高価な場合には自らの計算と危険負担に基づいて事業経営を行う「事業者」としての性格が強く、「労働者性」を弱める要素となるものと考えられる。

ロ　報酬の額

報酬の額が当該企業において同様の業務に従事している正規従業員に比して著しく高額である場合には、上記イと関連するが、一般的には、当該報酬は、労務提供に対する賃金ではなく、自らの計算と危険負担に基づいて事業経営を行う「事業者」に対する代金の支払と認められ、その結果、「労働者性」を弱める要素となるものと考えられる。

ハ　その他

以上のほか、裁判例においては、業務遂行上の損害に対する責任を負う、独自の商号使用が認められている等の点を「事業者」としての性格を補強する要素としているものがある。

(2)　専属性の程度

特定の企業に対する専属性の有無は、直接に「使用従属性」の有無を左右するものではなく、特に専属性がないことをもって労働者性を弱めることとはならないが、「労働者性」の有無に関する判断を補強する要素のひとつと考えられる。

イ　他社の業務に従事することが制度上制約され、また、時間的余裕がなく事実上困難である場合には、専属性の程度が高く、いわゆる経済的に当該企業に従属していると考えられ、「労働者性」を補強する要素のひとつと考えて差し支えないであろう。なお、専属下請のような場合については、上記1(1)イと同様留意する必要がある。

ロ　報酬に固定給部分がある、業務の配分等により事実上固定給となっている、その額も生計を維持しうる程度のものである等報酬に生活保障的な要素が強いと認められる場合には、上記イと同様、「労働者性」を補強するものと考えて差し支えないであろう。

(3)　その他

以上のほか、裁判例においては、①採用、委託等の際の選考過程が正規従業員の採用の場合とほとんど同様であること、②報酬について給与所得としての源泉徴収を行っていること、③労働保険の適用対象としていること、④服務規律を適用していること、⑤退職金制度、福利厚生を適用していること等「使用者」がその者を自らの労働者と認識していると推認される点を、「労働者性」を肯定する判断の補強事由とするものがある。

第3　具体的事案

1　傭車運転手

　　いわゆる「傭車運転手」とは、自己所有のトラック等により、他人の依頼、命令等に基づいて製品等の運送業務に従事する者であるが、その「労働者性」の判断に当たっては、一般にその所有するトラック等が高価なことから、「使用従属性」の有無の判断とともに、「事業者」としての性格の有無の判断も必要となる。

〔判断基準〕

(1)　「使用従属性」に関する判断基準

　イ　「指揮監督下の労働」に関する判断基準

　(イ)　仕事の依頼、業務従事の指示等に対する諾否の自由の有無

　　当該諾否の自由があることは、指揮監督関係の存在を否定する重要な要素となるが、一方、当該諾否の自由がないことは、契約内容等による場合もあり、指揮監督関係の存在を補強するひとつの要素に過ぎないものと考えられる。

　(ロ)　業務遂行上の指揮監督の有無

　　①　業務の内容及び遂行方法に対する指揮命令の有無

　　　運送物品、運送先及び納入時刻の指定は、運送という業務の性格上当然であり、これらが指定されていることは業務遂行上の指揮監督の有無に関係するものではない。

　　　運送経路、出発時刻の管理、運送方法の指示等がなされ、運送業務の遂行が「使用者」の管理下で行われていると認められる場合には、業務遂行上の指揮命令を受けているものと考えられ、指揮監督関係の存在を肯定する重要な要素となる。

　　②　その他

　　　当該「傭車運転手」が契約による運送という通常の業務のほか、「使用者」の依頼、命令等により他の業務に従事する場合があることは、当該運送業務及び他の業務全体を通じて指揮監督を受けていることを補強する重要な要素となる。

　(ハ)　拘束性の有無

　　勤務場所及び勤務時間が指定、管理されていないことは、指揮監督関係の存在を否定する重要な要素となるが、一方、これらが指定、管理されていても、それはその業務内容から必然的に必要となる場合もあり、指揮監督関係の存在を肯定するひとつの要素となるに過ぎないものと考えられる。

　(ニ)　代替性の有無－指揮監督関係の判断を補強する要素－

　　他の者が代わって労務提供を行う、補助者を使う等労務提供の代替性が認めら

れている場合には、指揮監督関係を否定する要素となるが、一方、代替性が認められていない場合には、指揮監督関係の存在を補強する要素のひとつとなる。

　ロ　報酬の労務対償性の有無の判断基準

　　報酬が、出来高制ではなく、時間単位、日単位で支払われる場合には、下記（（2）、イ、(ロ)）のようにその額が高い場合であっても、報酬の労務対償性が強く、「使用従属性」の存在を補強する重要な要素となる。

(2)　「労働者性」の判断を補強する要素

　イ　事業者性の有無

　(イ)　機械、器具の負担関係

　　　「傭車運転手」は高価なトラック等を自ら所有するのであるから、一応、「事業者性」があるものと推認される。

　(ロ)　報酬の額

　　　報酬の額が同社の同種の業務に従事する正規従業員に比して著しく高額な場合には、当該報酬は、事業者に対する運送代金の支払と考えられ、「労働者性」を弱める要素となる。ただし、報酬の算定方法によっては、報酬の額が著しく高額なことそのことが「労働者性」を弱める要素とはならない場合もある（上記(1)、ロ参照）。

　ロ　専属性の程度

　(イ)　他社の業務に従事することが制約され、又は他社の業務に従事する場合であっても、それが「使用者」の紹介、斡旋等によるものであるということは、専属性の程度を高めるという意味であり、「労働者性」を補強する要素のひとつとなる場合もあるものと考えられる。

　(ロ)　報酬に固定給部分がある等生活保障的要素が強いと認められる場合も、上記(イ)と同様、「労働者性」を補強する要素のひとつになるものと考えられる。

　ハ　その他

　　報酬について給与所得としての源泉徴収を行っているか否か、労働保険の適用対象としているか否か、服務規律を適用しているか否か等は、「労働者性」の判断に当たって重要な要素となるものではないが、当事者の認識を推認する要素であり、当該判断を補強するものとして考えて差し支えないであろう。

2　在宅勤務者

　　いわゆる「在宅勤務者」とは、自宅において就業する労働者をいうが、このような就業形態の者は今後増加していくものと考えられることから、自営業者、家内労働者等と区別し、どのような形態の「在宅勤務者」が労働基準法第9条の「労働者」に該当するか、その判断基準を明確にする必要がある。

〔判断基準〕

(1) 「使用従属性」に関する判断基準

イ 「指揮監督下の労働」に関する判断基準

(イ) 仕事の依頼、業務従事の指示等に対する諾否の自由の有無

当該諾否の自由があることは、指揮監督関係を否定する重要な要素となるが、一方、当該諾否の自由がないことは、契約内容等による場合もあり、指揮監督関係の存在を補強するひとつの要素に過ぎないものと考えられる。

(ロ) 業務遂行上の指揮監督の有無

会社が業務の具体的内容及び遂行方法を指示し、業務の進捗状況を本人からの報告等により把握、管理している場合には、業務遂行過程で「使用者」の指揮監督を受けていると考えられ、指揮監督関係を肯定する重要な要素となる。

(ハ) 拘束性の有無

勤務時間が定められ、本人の自主管理及び報告により「使用者」が管理している場合には、指揮監督関係を肯定する重要な要素となる。

(ニ) 代替性の有無 – 指揮監督関係の判断を補強する要素 –

当該業務に従事することについて代替性が認められている場合には、指揮監督関係を否定する要素となる。

ロ 報酬の労務対償性の有無

報酬が、時間給、日給、月給等時間を単位として計算される場合には、「使用従属性」を補強する重要な要素となる。

(2) 「労働者性」の判断を補強する要素

イ 事業者性の有無

(イ) 機械、器具の負担関係

自宅に設置する機械、器具が会社より無償貸与されている場合には、「事業者性」を薄める要素となるものと考えられる。

(ロ) 報酬の額

報酬の額が、同社の同種の業務に従事する正規従業員に比して著しく高額な場合には、「労働者性」を薄める要素となるものと考えられるが、通常そのような例は少ない。

ロ 専属性の程度

(イ) 他社の業務に従事することが制約され、又は事実上困難な場合には、専属性の程度が高く、「労働者性」を補強する要素のひとつとなる。

(ロ) 報酬に固定給部分がある等生活保障的要素が強いと認められる場合も、上記(イ)と同様、「労働者性」を補強する要素のひとつとなる。

ハ　その他

　報酬について給与所得としての源泉徴収を行っているか否か、労働保険の適用
対象としているか否か、採用、委託等の際の選考過程が正規従業員の場合と同様
であるか否か等は、当事者の認識を推認する要素に過ぎないものではあるが、上
記の各基準によっては「労働者性」の有無が明確とならない場合には、判断基準
のひとつとして考えなければならないであろう。

（事例１）　備車運転手Ａ

１　事業等の概要

(1)　事業の内容

　　建築用コンクリートブロックの製造及び販売

(2)　備車運転手の業務の種類、内容

　　自己所有のトラック（４トン及び11トン車、１人１車）による製品（コンク
リートブロック）の運送

２　当該備車運転手の契約内容及び就業の実態

(1)　契約関係

　　書面契約はなく、口頭により、製品を県外の得意先に運送することを約したも
ので、その報酬（運賃）は製品の種類、行先及び箇数により定めている。

(2)　業務従事の諾否の自由

　　会社は配車表を作成し、配車伝票によって業務を処理しており、一般的にはこ
れに従って運送していたが、時にこれを拒否するケース（特段の不利益取扱いは
ない。）もあり、基本的には備車運転手の自由意思が認められている。

(3)　指揮命令

　　運送業務の方法等に関して具体的な指揮命令はなく、業務遂行に当たって補助
者を使用すること等も備車運転手の自由な判断にまかされ、時に上記(2)の配車伝
票に納入時刻の指定がされる程度で備車運転手自身に業務遂行についての裁量が
広く認められている。

(4)　就業時間の拘束性

　　通常、備車運転手は午後会社で積荷して自宅に帰り、翌日、自宅から運送先に
直行しており、出勤時刻等の定め、日又は週当たりの就業時間等の定めはない。

(5)　報酬の性格

　　報酬は運賃のみで、運賃には車両維持費、ガソリン代、保険料等の経費と運転
業務の報酬が含まれていたと考えられるが、その区分は明確にされていない。

(6)　報酬の額

　　報酬の額は月額約40万円と、社内運転手の17〜18万円に比してかなり高い。

(7) 専属性

　　契約上他社への就業禁止は定めておらず、現に他の備車運転手2名程度は他社
の運送にも従事している。

(8) 社会保険、税金等

　　社会保険、雇用保険等には加入せず（各人は国民健康保険に加入）、また報酬
については給与所得としての源泉徴収が行われず、備車運転手本人が事業所得と
して申告している。

3　「労働者性」の判断

(1)　「使用従属性」について

　　①仕事の依頼、業務従事の指示等に対する諾否の自由があること、②業務遂行
についての裁量が広く認められており、他人から業務遂行上の指揮監督を受けて
いるとは認められないこと、③勤務時間が指定、管理されていないこと、④自ら
の判断で補助者を使うことが認められており、労務提供の代替性が認められてい
ること、から使用従属性はないものと考えられ、⑤報酬が出来高払いであって、
労働対償性が希薄であることは、当該判断を補強する要素である。

(2)　「労働者性」の判断を補強する要素について

　　①高価なトラックを自ら所有していること、②報酬の額は同社の社内運転手に
比してかなり高いこと、③他社への就業が禁止されておらず、専属性が希薄であ
ること、④社会保険の加入、税金の面で同社の労働者として取り扱われていな
かったことは「労働者性」を弱める要素である。

(3)　結論

　　本事例の備車運転手は、労働基準法第9条の「労働者」ではないと考えられ
る。

（事例2）備車運転手B

1　事業等の概要

(1)　事業の内容

　　主として公共土木工事の設計、施工

(2)　備車運転手の業務の種類、内容

　　会社施工の工事現場において土砂の運搬の業務に従事するいわゆる白ナンバー
のダンプ運転手

2　当該備車運転手の契約内容及び就業の実態

(1)　備車運転手は、積載量10トンのダンプカー1台を所有し、会社と契約して会社
施工の工事現場で土砂運搬を行っている。契約書は作成しておらず、専属として
土砂運搬を行うもので、本人が自己の意思で他社の建設現場へダンプ持ちで働き

に行くことは暗黙のうちに会社を退社するに等しいものと考えられている。

(2) ダンプを稼働した場合の報酬は1日につき35,000円であり、その請求は本人が毎月末に締め切って計算のうえ会社に対し行っている。会社は、この請求に基づいて稼働日数をチェックし、本人の銀行口座へ翌月10日に振り込んでいるが、この報酬については、給与所得としての源泉徴収をせず、傭車運転手本人が事業所得として青色申告をしている。

(3) 稼働時間は、午前8時から午後5時までとなっているが、ダンプによる土砂運搬がない場合は、現場作業員として就労することもできる。この場合には、賃金として1日につき5,500円が支払われる。したがって、本人は土砂運搬作業の有無にかかわらず、始業時間までに現場に出勤しており、現場では、いずれの場合にも現場責任者の指示を受け、出面表にはそれぞれの時間数が記録されている。現場作業員として就労した場合の賃金は、一般労働者と同様、月末締切りで翌月5日に現金で支払われ、この分については、給与所得としての源泉徴収がされている。

(4) ダンプの所有は傭車運転手本人となっており、ローン返済費(月15万円)、燃料費(月20日稼働で15〜16万円)、修理費、自動車税等は本人負担となっている。

(5) 社会保険、雇用保険には加入していない。

3 「労働者性」の判断

(1) 「使用従属性」について

　　①業務遂行について現場責任者の指示を受けていること、②土砂運搬がない場合は、現場責任者の指示を受け現場作業員として就労することがあること、③勤務時間は午前8時から午後5時までと指定され、実際の労働時間数が現場において出面表により記録されていること、に加え、④土砂運搬の報酬は下記(2)でみるようにかなり高額ではあるが、出来高ではなく日額で計算されていることから、「使用従属性」があるものと考えられる。

(2) 「労働者性」の判断を補強する要素について

　　①高価なトラックを自ら所有していること、②報酬の額は月20日稼働で70万円(ローン返済費及び燃料費を差し引くと約40万円)であって、その他の事情を考慮してもかなり高額であること、③社会保険の加入、税金の面で同社の労働者として取り扱われていないことは「労働者性」を弱める要素ではあるが、上記(1)による「使用従属性」の判断を覆すものではない。

(3) 結論

　　本事例の傭車運転手は、労働基準法第9条の「労働者」であると考えられる。

(事例3) 在宅勤務者A

1 事業等の概要
(1) 事業の内容
　　ソフトウエアの開発、計算業務の受託、電算室の総括的管理運営
(2) 在宅勤務者の業務の種類、内容
　　会社よりミニファックスで伝送される仕様書等に基づき、プログラムの設計、コーディング、机上でのデバッグを行う。
2 在宅勤務者の契約内容及び就業の実態
(1) 契約関係
　　期間の定めのない雇用契約により、正社員として採用している。
(2) 業務の諾否の自由
　　会社から指示された業務を拒否することは、病気等特別な理由がない限り、認められていない。
(3) 指揮命令
　　業務内容は仕様書等に従ってプログラムの設計等を行うことであり、定形化しており、通常、細かな指示等は必要ない。なお、10日に1回出社の義務があり、その際、細かい打合せ等をすることもある。
(4) 就業時間の拘束性
　　勤務時間は、一般従業員と同じく午前9時から午後5時（休憩1時間）と決められており、労働時間の管理、計算は本人に委ねている。
(5) 報酬の性格及び額
　　報酬は、一般従業員と同じく月給制（固定給）である。
(6) 専属性
　　正社員であるので、他社への就業は禁止されている。
(7) 機械、器具の負担
　　末端機器及び電話代は、会社が全額負担している。
3 「労働者性」の判断
(1) 「使用従属性」について
　　①業務の具体的内容について、仕様書等により業務の性質上必要な指示がなされていること、②労働時間の管理は、本人に委ねられているが、勤務時間が定められていること、③会社から指示された業務を拒否することはできないこと、に加えて、④報酬が固定給の月給であることから、「使用従属性」があるものと考えられる。
(2) 「労働者性」の判断を補強する要素について
　　①業務の遂行に必要な末端機器及び電話代が会社負担であること、②報酬の額

が他の一般従業員と同等であること、③正社員として他社の業務に従事すること
が禁止されていること、④採用過程、税金の取扱い、労働保険の適用等について
も一般従業員と同じ取扱いであることは、「労働者性」を補強する要素である。
(3)　結論
　　　本事例の在宅勤務者は、労働基準法第９条の「労働者」であると考えられる。
（事例４）在宅勤務者Ｂ
　１　事業等の概要
(1)　事業の内容
　　　速記、文書処理
(2)　在宅勤務者の業務の種類、内容
　　　元正社員であった速記者が、会議録等を録音したテープを自宅に持ち帰り、
　　ワープロに入力する。
　２　在宅勤務者の契約内容及び就業の実態
(1)　契約関係
　　　「委託契約」により、納期まで１週間～１か月程度の余裕のある仕事を委託し
　　ており、納期の迫っているものは正社員にやらせている。
(2)　業務の諾否の自由
　　　電話により又は出社時に、できるかどうかを確認して委託している。
(3)　指揮命令
　　　業務の内容が定形化しており、個々具体的に指示することは必要なく、週１回
　　程度の出社時及び電話により進捗状況を確認している。
(4)　就業時間の拘束性
　　　勤務時間の定めはなく、１日何時間位仕事ができるかを本人に聴き、委託する
　　量を決める。
(5)　報酬の性格及び額
　　　在宅勤務者個々人についてテープ１時間当たりの単価を決めており、テープの
　　時間数に応じた出来高制としている。
(6)　機械、器具の負担
　　　会社がワープロを無償で貸与している。
(7)　その他
　　　給与所得としての源泉徴収、労働保険への加入はしていない。
　３　「労働者性」の判断
(1)　「使用従属性」について
　　　①会社からの委託を断ることもあること、②勤務時間の定めはなく、本人の希

望により委託する量を決めていること、③報酬は、本人の能力により単価を定める出来高制であること、④業務の具体的内容、その遂行方法等について特段の指示がないことから、「使用従属性」はないものと考えられる。

(2)　「労働者性」の判断を補強する要素について

　　業務の遂行に必要なワープロは会社が負担しているが、他に「労働者性」を補強する要素はない。

(3)　結論

　　本事例の在宅勤務者は、労働基準法第9条の「労働者」ではないと考えられる。

【資料13】 労働基準法研究会労働契約等法制部会労働者性検討専門部会報告について （平成 8 年 3 月25日）

　労働基準法第 9 条は、その適用対象である「労働者」を「事業又は事務所に使用される者で、賃金を支払われる者をいう」と規定している。「労働者」であることは、「労働基準法」や「労災保険法」の適用を受けられることを意味しており、いわゆる「労働者性」の判断は重要な意味を持っている。この労働者性の判断が難しい場合については、従来、個別ケースについての判例や行政判断によって判断基準が積み上げられてきた。一方、労働基準法の施行の実情や問題点について専門的に研究する労働基準法研究会でも、昭和60年に「労働基準法の『労働者』の判断基準について」をまとめ、一般的な判断基準を示しており、労働基準監督機関はこれも参考にして、労働者性の有無を判断している。

　このような状況を踏まえ、特に労働者に当たるか否かの判断が難しい場合がある建設業手間請け従事者及び芸能関係者について、平成 6 年 7 月より労働基準法研究会労働契約等法制部会労働者性検討専門部会（座長奥山明良成城大学教授）において、昭和60年の判断基準をより具体化した判断基準のあり方に関して検討を行ってきたところであるが、本日、その報告が別添のとおり取りまとめられた。

　労働省としては、今後の建設業手間請け従事者及び芸能関係者の労働者性の判断に当たって、この報告を参考とすることとしている。

建設業手間請け従事者及び芸能関係者に関する労働基準法の「労働者」の判断基準について

第 1 　検討の趣旨

　労働基準法第 9 条は、その適用対象である「労働者」を「使用される者で、賃金を支払われる者をいう。」と規定しているが、具体的な事業についてこの「労働者」に該当するかどうかの判断は必ずしも容易ではない。この点に関しては、昭和60年に労働基準法研究会報告「労働基準法の『労働者』の判断基準について」が出されているが、なお、労働者に該当するか否か、が問題となる事例が多くみられることから、平成 5 年の労働基準法研究会報告では、当面、この判断基準により運用し、行政としても、より具体的な運用基準を作成するなど、引き続き判断基準の明確化に努めることが適当であるとされている。

　このような状況を踏まえ、労働省から当専門部会に対し、特に労働者性の判断について問題となることが多い建設業手間請け従事者及び芸能関係者について、昭和

60年の判断基準をより具体化した判断基準のあり方についての検討が依頼され、当専門部会として検討を重ねた結果、以下のような結論に達した。

第2　建設業手間請け従事者について

Ⅰ　はじめに

1　「手間請け」とは

　「手間請け」という言葉は、多様な意味で用いられているが、本報告においては、工事の種類、坪単価、工事面積等により総労働量及び総報酬の予定額が決められ、労務提供者に対して、労務提供の対価として、労務提供の実績に応じた割合で報酬を支払うという、建設業における労務提供方式を「手間請け」と定義する。

　この他に「手間請け」と呼ばれるものとして、①手間賃（日当）による日給月給制の労働者の場合、②手間（労務提供）のみを請け負い、自らは労務提供を行わずに労働力を供給する事業を行っている者の場合等があるが、①については一般に労働者と、②については一般に事業者であると解することができ、これらについては労働者性の問題が生じるところではないので、本報告では対象とはしていない。

　なお、建設業において「手間請け」の形態が見られる工事には様々な種類のものがあると考えられるが、以下では主に建築工事を念頭に置いて記述している。

2　「手間請け」の形態

　以上のような「手間請け」というものについても、工事の種類、労務提供の形態等により、いくつかの形態が存在する。特に、住宅建築等の小規模建築工事の場合とビル建築等の大規模建築工事の場合では、その形態が大きく異なっている。

　なお、建設業の場合、親方、子方、配下、世話役等の用語が、工事の形態により異なった意味に使われる場合があるので、単にその呼び名だけではなく実際の役割に留意する必要がある。

⑴　小規模建築工事の場合

　建築工事を請け負った工務店、専門工事業者等と大工等の建築作業従事者間での契約・労務提供の形態である。建築作業従事者は、単独の場合とグループの場合があり、後者の場合には、グループの世話役がいる場合がある。

　契約は、一つ一つの工事ごとに、就労場所、工期、作業内容、坪単価、報酬の支払方法等を内容として、通常は口頭で行われる。

　報酬については、まず、仕事の難易度により一坪仕上げるのに何人分（人工）の労働力が必要かが判断され、これを基に、坪単価が決定されて坪単価×総坪数で総報酬額が決められる。この総報酬額を、工事の進捗状況に従って按分し、月ごとに、あるいは、請求に応じて随時支払う場合や、工事終了後一括して支払う場合な

どがある。

なお、この他に特殊なものとして、棟上げ等の場合に他の大工等に応援を求め、逆の立場の場合にその「手間」を労務の提供により返す「手間貸し」（手間返し）という形態もある。

(2)　大規模建築工事の場合

おおむね、次の三種類の形態が考えられる。ただし、この分類はあくまでも代表的な例を示したものであり、現実には必ずしもどれかに当てはまるものではないことから、労働者性の判断に当たっては、実際の形態に留意する必要がある。

　　イ　世話役請取り

世話役が一次業者等と請負契約を結び、世話役が更にその下の作業員との間で就業に関する契約を結ぶ形態である。世話役とその下の作業員の間では、１日当たりいくらというような内容の契約が結ばれる場合が多い。

　　ロ　グループ請取り

仕事があって手が足りないとか量が多いといった場合に、同じようなレベルにある仲間がグループで一次業者等から請け負う形態である。グループ内では、グループの世話役とグループの構成員の間で、㎡当たりいくらという取決めを結んでいる場合や、グループ内が全く対等の関係にあり、一次業者等との関係は、グループ構成員の話合いにより処理される場合など、様々な形態を含んでいる。

　　ハ　一人親方

単独で作業を請け負う形態である。

契約は、㎡当たりいくら、トン当たりいくらという出来高払の単価契約で、口頭契約の場合が多い。

3　使用者、事業主・事業者

(1)　総論

建設業の場合には、下請契約等が重層的になされていることが多く、また、実際の指示や命令も重層的になされる。そのため、このような重層的な関係の下で作業に従事する者について労働者性を判断するためには、誰と誰の間に使用従属関係があるかを明確にする必要がある。

なお、労働基準法等関係法令においては、その義務主体が、労働基準法においては「使用者」、労働安全衛生法においては「事業者」、労働者災害補償保険法においては「事業主」となっている。

このうち「事業者」及び「事業主」は事業の責任主体であり、「使用者」は事業主のために行為するすべての者であることから、この二者については対象となる範囲が異なっている。

労働者性の判断基準において、「労働者性を弱める要素」としている「事業者性」は、上の意味での「事業者」又は「事業主」であるか否か、あるいは、これらにどの程度近いものであるかという点である。

　他方、労働基準法においては、事業主以外の者であっても、実際に指揮命令等を行っている者はすべてその限りで「使用者」であることになることから、労働基準法において「使用者」であるとされ、その責任を負うべき場合でも、直ちにその者の労働者性が否定されるものではない。

(2)　各論

　手間請け従事者の労働者性が認められる場合には、原則的には、手間請け従事者又はそのグループと直接契約を締結した工務店、専門工事業者、一次業者等が使用者になるものと考えられるが、グループで仕事を請けている場合には、グループの世話役等が使用者になる場合も考えられる。したがって、グループによる手間請けの場合においては、グループの世話役と構成員の間及び工務店、専門工事業者、一次業者等とグループの構成員の間の使用従属関係の有無等を検討し、グループの世話役が、労働者のグループの単なる代表者であるのか、グループの構成員を使用する者であるのかを、その実態に即して判断する必要がある。

Ⅱ　判断基準

1　使用従属性に関する判断基準

(1)　指揮監督下の労働

　イ　仕事の依頼、業務に従事すべき旨の指示等に対する諾否の自由の有無

　　具体的な仕事の依頼、業務に従事すべき旨の指示等に対して諾否の自由があることは、指揮監督関係の存在を否定する重要な要素となる。

　　他方、このような諾否の自由がないことは、一応、指揮監督関係を肯定する要素の一つとなる。ただし、断ると次から仕事が来なくなることなどの事情により事実上仕事の依頼に対する諾否の自由がない場合や、例えば電気工事が終わらないと壁の工事ができないなど作業が他の職種との有機的連続性をもって行われるため、業務従事の指示を拒否することが業務の性質上そもそもできない場合には、諾否の自由の制約は直ちに指揮監督関係を肯定する要素とはならず、契約内容や諾否の自由が制限される程度等を勘案する必要がある。

　ロ　業務遂行上の指揮監督の有無

　(イ)　業務の内容及び遂行方法に対する指揮命令の有無

　　設計図、仕様書、指示書等の交付によって作業の指示がなされている場合であっても、当該指示が通常注文者が行う程度の指示等に止まる場合には、指揮監督関係の存在を肯定する要素とはならない。他方、当該指示書等により作業の具

体的内容・方法等が指示されており、業務の遂行が「使用者」の具体的な指揮命令を受けて行われていると認められる場合には、指揮監督関係の存在を肯定する重要な要素となる。

工程についての他の職種との調整を元請け、工務店、専門工事業者、一次業者の責任者等が行っていることは、業務の性格上当然であるので、このことは業務遂行上の指揮監督関係の存否に関係するものではない。

㈪ その他

「使用者」の命令、依頼等により通常予定されている業務以外の業務に従事することがある場合には、使用者の一般的な指揮監督を受けているとの判断を補強する重要な要素となる。

ハ 拘束性の有無

勤務場所が建築現場、刻みの作業場等に指定されていることは、業務の性格上当然であるので、このことは直ちに指揮監督関係を肯定する要素とはならない。

勤務時間が指定され、管理されていることは一般的には指揮監督関係を肯定する要素となる。ただし、他職種との工程の調整の必要がある場合や、近隣に対する騒音等の配慮の必要がある場合には、勤務時間の指定がなされたというだけでは指揮監督関係を肯定する要素とはならない。

一方、労務提供の量及び配分を自ら決定でき、契約に定められた量の労務を提供すれば、契約において予定された工期の終了前でも契約が履行されたこととなり、他の仕事に従事できる場合には指揮監督関係を弱める要素となる。

ニ 代替性の有無

本人に代わって他の者が労務を提供することが認められている場合や、本人が自らの判断によって補助者を使うことが認められている場合等労務提供の代替性が認められている場合には、指揮監督関係を否定する要素の一つとなる。他方、代替性が認められていない場合には、指揮監督関係の存在を補強する要素の一つとなる。

ただし、労働契約の内容によっては、本人の判断で必要な数の補助者を使用する権限が与えられている場合もある。このため、単なる補助者の使用の有無という外形的な判断のみではなく、自分の判断で人を採用できるかどうかなど補助者使用に関する本人の権限の程度や、作業の一部を手伝わせるだけかあるいは作業の全部を任せるのかなど本人と補助者との作業の分担状況等を勘案する必要がある。

(2) 報酬の労務対償性に関する判断基準

報酬が、時間給、日給、月給等時間を単位として計算される場合には、使用従属

性を補強する重要な要素となる。

　報酬が、１㎡を単位とするなど出来高で計算する場合や、報酬の支払に当たって手間請け従事者から請求書を提出させる場合であっても、単にこのことのみでは使用従属性を否定する要素とはならない。

2　労働者性の判断を補強する要素

(1)　事業者性の有無

　イ　機械、器具等の負担関係

　　据置式の工具など高価な器具を所有しており、当該手間請け業務にこれを使用している場合には、事業者としての性格が強く、労働者性を弱める要素となる。

　　他方、高価な器具を所有している場合であっても、手間請け業務にはこれを使用せず、工務店、専門工事業者、一次業者等の器具を使用している場合には、労働者性を弱める要素とはならない。

　　電動の手持ち工具程度の器具を所有していることや、釘材等の軽微な材料費を負担していることは、労働者性を弱める要素とはならない。

　ロ　報酬の額

　　報酬の額が当該工務店、専門工事業者、一次業者等の同種の業務に従事する正規従業員に比して著しく高額な場合には、労働者性を弱める要素となる。

　　しかし、月額等でみた報酬の額が高額である場合であっても、それが長時間労働している結果であり、単位時間当たりの報酬の額を見ると同種の業務に従事する正規従業員に比して著しく高額とはいえない場合もあり、この場合には労働者性を弱める要素とはならない。

　ハ　その他

　　当該手間請け従事者が、①材料の刻みミスによる損失、組立時の失敗などによる損害、②建物等目的物の不可抗力による滅失、毀損等に伴う損害、③施工の遅延による損害について責任を負う場合には、事業者性を補強する要素となる。また、手間請け従事者が業務を行うについて第三者に損害を与えた場合に、当該手間請け従事者が専ら責任を負うべきときも、事業者性を補強する要素となる。

　　さらに、当該手間請け従事者が独自の商号を使用している場合にも、事業者性を補強する要素となる。

(2)　専属性の程度

　特定の企業に対する専属性の有無は、直接に使用従属性の有無を左右するものではなく、特に専属性がないことをもって労働者性を弱めることとはならないが、労働者性の有無に関する判断を補強する要素の一つと考えられる。

　具体的には、特定の企業の仕事のみを長期にわたって継続して請けている場合に

は、労働者性を補強する要素の一つとなる。

(3) その他

イ　報酬について給与所得としての源泉徴収を行っていることは、労働者性を補強する要素の一つとなる。

ロ　発注書、仕様書等の交付により契約を行っていることは、一般的には事業者性を推認する要素となる。ただし、税務上有利であったり、会計上の処理の必要性等からこのような書面の交付を行っている場合もあり、発注書、仕様書等の交付という事実だけから判断するのではなく、これらの書面の内容が事業者性を推認するに足りるものであるか否かを検討する必要がある。

ハ　ある者が手間請けの他に事業主としての請負業務を他の日に行っていることは、手間請けを行っている日の労働者性の判断に何ら影響を及ぼすものではないため、手間請けを行っている日の労働者性の判断は、これとは独立に行うべきものである。

ニ　いわゆる「手間貸し」（手間返し）の場合においては、手間の貸し借りを行っている者の間では、労働基準法上の労働者性の問題は生じないものと考えられる。

Ⅲ　事例

（事例1）大工A

1　事業等の概要

(1) 事業の内容

　住宅建築工事

(2) 大工の業務の内容

　住宅の床、壁、天井等の建付けを行う。発注者から材料の供給を受けて、当該建築現場内において刻み、打付け等の作業を行う。

2　当該大工の契約内容及び就業の実態

(1) 契約関係

　書面契約はなく、口頭による。受注部分は、発注者自身が請け負った住宅の一区画である。報酬は3.3㎡当たり5万円を基本とし、工事の進捗状況により、毎月末を支払日としている。

(2) 業務従事の指示に対する諾否の自由

　Aは継続的にこの発注者から仕事を受けており、断ると次から仕事がもらえなくなって収入が途絶えることを恐れて、事実上仕事の依頼を断ることはない。しかし、仕事を断ろうと思えば断る自由はあり、都合が悪ければ実際に断ることもある。

また、例えばＡが刻みを終えると、次は打付けをするようにという業務従事の指示があり、Ａはこれを拒否できない。

(3) 指揮命令

発注者はＡに仕様書及び発注書で基本的な作業の指示を行い、さらに作業マニュアルで具体的な手順が示されている。また、定期的に発注者の工事責任者が現場に来て、Ａらの作業の進捗状況を点検している。

また、他の現場の建前への応援作業を指示される場合があり、この場合には、発注者から日当の形で報酬の支払を受ける。

(4) 就業時間の拘束性

Ａは、原則として毎日発注者の事務所へ赴き、そこで工事責任者の指示を仰いだ後に現場に出勤している。また、作業を休む場合には、発注者に事前に連絡をすることを義務付けられている。勤務時間の指定はされていないが、発注者に雇用されている他の労働者と同じ時間帯に作業に従事しており、事実上毎日午前８時から午後５時まで労務を提供している。

(5) 代替性の有無

Ａが自己の判断で補助者を使用することは認められていない。

(6) 報酬の性格

報酬は請負代金のみで、交通費等の経費はすべてＡの負担となるが、他の現場へ応援に行く場合は、発注者の雇用労働者と同程度の額が日当の形で支払われる。

(7) その他

材料加工用の工具は、釘等を含め、発注者側に指示されたものをＡが用意するが、高価な物はない。

工事途中に台風などにより破損した箇所は発注者側の経費により修理される。

社会保険、雇用保険には加入せず、報酬についてはＡ本人が事業所得として申告をしている。

3 「労働者性」の判断

(1) 使用従属性について

①業務従事の指示に対して諾否の自由を有していないこと、②業務遂行について、かなり詳細な指示を受け、本人に裁量の余地はあまりないこと、③勤務時間についても実質的な拘束がなされていること、から使用従属性があるものと考えられる。

(2) 労働者性の判断を補強する要素について

工具等を自ら負担していること、社会保険の加入、税金の面で労働者として取り扱われていないことは、「労働者性」を弱める要素ではあるが、上記(1)による「使

用従属性」の判断を覆すものではない。また、代替性が認められていないことは、労働者性を補強する要素となる。

(3)　結論

本事例の大工Aは、労働基準法第9条の「労働者」であると考えられる。

（事例2）型枠大工B

1　事業等の概要

(1)　事業の内容

中層ビル建築工事

(2)　大工の業務の内容

ビルの梁、柱、壁等の形にベニヤ板等により型枠を作成する。当該部分に、生コンを流し込むことにより梁、柱等が建造されていく。材料は発注者から供給を受ける。ベニヤ等の刻み、打付けは当該建築現場において行う。

2　当該大工の契約内容及び就業の実態

(1)　契約関係

書面契約はなく、口頭による。受注部分は、ビル建築現場における一区画を15名のグループで請け負ったもの。報酬は3.3㎡当たり15万円。

支払は、随時請求することも工事の進捗状況により可能であるが、工事終了後、一括してグループ全体として受ける。Bはグループの代表として報酬を受け、グループの構成員にはBから分配をする。

(2)　業務従事の指示に対する諾否の自由

複数の発注者から仕事を受けており、仕事の依頼を断ることもある。

(3)　指揮命令

作業方法等に関しては、発注者から、他工程との関連から、施工時期や安全施工に関する指示を受けることはあるが、その他の施工方法については、状況を見ながら自己が判断して決定する。

また、他の現場の建前への応援作業を依頼される場合があるが、この場合の報酬は、基本的に他のグループとの間でやりとりされる。

(4)　就業時間の拘束性

当該工事内の始業、終業時間は一応定められているが、Bはこれに拘束されることはなく、工事の進捗状況により、発注者と相談の上作業時間が決定される。朝礼や終業時のミーティングに参加することはあるが、義務付けられてはいない。

(5)　代替性の有無

施工に当たり、B自身が作業することは契約内容とはなっておらず、Bが自己の判断で補助者を使用することは自由である。

(6)　報酬の性格

　報酬は請負代金のみで、交通費等の経費はすべてＢの負担となる。

　なお、グループ内の他の構成員への報酬支払責任は最終的にはＢが負う。

(7)　その他

　材料加工用の工具は、高価な据置式の工作機械を含めてＢらが用意したものを使用する。

　社会保険、雇用保険には加入せず、報酬については事業所得として申告している。

3　「労働者性」の判断

(1)　使用従属性について

　①仕事の依頼についての諾否の自由はあること、②業務遂行について、裁量が広く認められており、指揮監督を受けているとは認められないこと、③勤務時間が指定、管理されていないこと、④自己の判断で補助者を使用することが認められており、労務提供の代替性が認められること、から使用従属性はないものと考えられる。また、報酬が出来高払となっており、労務対償性が希薄であることは、当該判断を補強する要素である。

(2)　労働者性の判断を補強する要素について

　高価な工具を自ら負担していること、社会保険の加入、税金の面で労働者として取り扱われていないことは、「労働者性」を弱める要素である。

(3)　結論

　本事例の型枠大工Ｂは、労働基準法第９条の「労働者」ではないと考えられる。

（昭和51年5月27日法律第34号）

第1章　総則

（目的）

第1条　この法律は、景気の変動、産業構造の変化その他の事情により企業経営が安定を欠くに至つた場合及び労働者が事業を退職する場合における賃金の支払等の適正化を図るため、貯蓄金の保全措置及び事業活動に著しい支障を生じたことにより賃金の支払を受けることが困難となつた労働者に対する保護措置その他賃金の支払の確保に関する措置を講じ、もつて労働者の生活の安定に資することを目的とする。

（定義）

第2条　この法律において「賃金」とは、労働基準法（昭和22年法律第49号）第11条に規定する賃金をいう。

2　この法律において「労働者」とは、労働基準法第9条に規定する労働者（同居の親族のみを使用する事業又は事務所に使用される者及び家事使用人を除く。）をいう。

第2章　貯蓄金及び賃金に係る保全措置等〈略〉

第3章　未払賃金の立替払事業

（未払賃金の立替払）

第7条　政府は、労働者災害補償保険の適用事業に該当する事業（労働保険の保険料の徴収等に関する法律（昭和44年法律第84号）第8条の規定の適用を受ける事業にあつては、同条の規定の適用がないものとした場合における事業をいう。以下この条において同じ。）の事業主（厚生労働省令で定める期間以上の期間にわたつて当該事業を行つていたものに限る。）が破産手続開始の決定を受け、その他政令で定める事由に該当することとなつた場合において、当該事業に従事する労働者で政令で定める期間内に当該事業を退職したものに係る未払賃金（支払期日の経過後まだ支払われていない賃金をいう。以下この条及び次条において同じ。）があるときは、民法（明治29年法律第89号）第474条第2項から第4項までの規定にかかわらず、当該労働者（厚生労働省令で定める者にあつては、厚生労働省令で定めるところにより、未払賃金の額その他の事項について労働基準監督署長の確認を受けた者に限る。）の請求に基づき、当該未払賃金に係る債務のうち政令で定める範囲内のものを当該事業主に代わつて弁済するものとする。

（返還等）

第8条　偽りその他不正の行為により前条の規定による未払賃金に係る債務の弁済を受けた者がある場合には、政府は、その者に対し、弁済を受けた金額の全部又は一部を返還することを命ずることができ、また、当該偽りその他不正の行為により弁済を受けた金額に相当する額以下の金額を納付することを命ずることができる。

2　前項の場合において、事業主が偽りの報告又は証明をしたため当該未払賃金に係る債務が弁済されたものであるときは、政府は、その事業主に対し、当該未払賃金に係る債務の弁済を受けた者と連帯して、同項の規定による返還又は納付を命ぜられた金額の納付を命ずることができる。

3　労働保険の保険料の徴収等に関する法律第27条及び第41条の規定は、前2項の規定により返還又は納付を命ぜられた金額について準用する。

4　政府は、第1項又は第2項の規定により返還又は納付を命ぜられた金額の返還又は納付に係る事務の実施に関して必要な限度において、厚生労働省令で定めるところにより、第1項の規定に該当する者（同項の規定に該当すると認められる者を含む。）又は事業主に対し、未払賃金の額、賃金の支払状況その他の事項についての報告又は文書の提出を命ずることができる。

（労働者災害補償保険法との関係）

第9条　この章に規定する事業は、労働者災害補償保険法（昭和22年法律第50号）第29条第1項第3号に掲げる事業として行う。

【資料15】　賃金の支払の確保等に関する法律施行令（抄）
　　　　　　（昭和51年6月28日政令第169号）

（立替払の事由）

第2条　法第7条の政令で定める事由は、次に掲げる事由（第4号に掲げる事由に
　あつては、中小企業事業主に係るものに限る。）とする。

一　特別清算開始の命令を受けたこと。

二　再生手続開始の決定があつたこと。

三　更生手続開始の決定があつたこと。

四　前3号に掲げるもののほか、事業主（法第7条の事業主をいう。以下同じ。）
　が事業活動に著しい支障を生じたことにより労働者に賃金を支払うことができな
　い状態として厚生労働省令で定める状態になつたことについて、厚生労働省令で
　定めるところにより、当該事業主に係る事業（同条の事業をいう。以下同じ。）
　を退職した者の申請に基づき、労働基準監督署長の認定があつたこと。

2　前項の「中小企業事業主」とは、事業活動に著しい支障を生ずるに至つた時前
　の時であつて、厚生労働省令で定める時において次の各号のいずれかに該当する
　事業主をいう。

一　資本金の額又は出資の総額が3億円以下の法人である事業主及び常時使用する
　労働者の数が300人以下の事業主であつて、次号から第4号までに掲げる業種以
　外の業種に属する事業を主たる事業として営むもの

二　資本金の額又は出資の総額が1億円以下の法人である事業主及び常時使用する
　労働者の数が100人以下の事業主であつて、卸売業に属する事業を主たる事業と
　して営むもの

三　資本金の額又は出資の総額が5千万円以下の法人である事業主及び常時使用す
　る労働者の数が100人以下の事業主であつて、サービス業に属する事業を主たる
　事業として営むもの

四　資本金の額又は出資の総額が5千万円以下の法人である事業主及び常時使用す
　る労働者の数が50人以下の事業主であつて、小売業に属する事業を主たる事業と
　して営むもの

（退職の時期）

第3条　法第7条の政令で定める期間は、次に掲げる日（事業主が前条第1項第4
　号に掲げる事由に該当した日以後、破産手続開始の決定を受け、又は同項第1号
　から第3号までに掲げる事由のいずれかに該当することとなつた場合には、第2
　号に掲げる日）の6月前の日から2年間とする。

一　事業主が破産手続開始の決定を受け、又は前条第1項第1号から第3号までに掲げる事由のいずれかに該当することとなつた場合には、当該事業主につきされた破産手続開始等の申立て（破産手続開始、特別清算開始、再生手続開始又は更生手続開始の申立てであつて、当該破産手続開始の決定又は該当することとなつた事由の基礎となつた事実に係るものをいう。以下この号において同じ。）のうち最初の破産手続開始等の申立てがあつた日（破産手続開始等の申立てがなかつた場合において、裁判所が職権で破産手続開始の決定をしたときは、当該決定があつた日とする。）

二　事業主が前条第1項第4号に掲げる事由に該当することとなつた場合には、同号の認定の基礎となつた事実に係る同号の申請のうち最初の申請があつた日

（立替払の対象となる未払賃金の範囲）

第4条　法第7条の政令で定める範囲内の未払賃金に係る債務は、同条の未払賃金に係る債務のうち、同条の請求をする者に係る未払賃金総額（その額が、次の各号に掲げる同条の請求をする者の区分に応じ、当該各号に定める額を超えるときは、当該各号に定める額）の100分の80に相当する額に対応する部分の債務とする。

一　基準退職日（前条に規定する期間内にした当該事業からの退職（当該退職前の労働に対する労働基準法（昭和22年法律第49号）第24条第2項本文の賃金又は当該退職に係る退職手当がこれらの支払期日の経過後まだ支払われていない場合の退職に限る。）の日をいうものとし、当該退職が2以上ある場合には、これらのうち最初の退職の日をいうものとする。以下同じ。）において30歳未満である者　110万円

二　基準退職日において30歳以上45歳未満である者　220万円

三　基準退職日において45歳以上である者　370万円

2　前項の「未払賃金総額」とは、基準退職日以前の労働に対する労働基準法第24条第2項本文の賃金及び基準退職日にした退職に係る退職手当であつて、基準退職日の6月前の日から法第7条の請求の日の前日までの間に支払期日が到来し、当該支払期日後まだ支払われていないものの額（当該額に不相当に高額な部分の額として厚生労働省令で定める額がある場合には、当該厚生労働省令で定める額を控除した額）の総額をいうものとし、当該総額が2万円未満であるものを除くものとする。

（船員に関する特例）

第5条　船員法（昭和22年法律第100号）の適用を受ける船員に関しては、第2条第1項第4号中「厚生労働省令で定めるところにより」とあるのは「厚生労働省

令・国土交通省令で定めるところにより」と、「労働基準監督署長」とあるのは「地方運輸局長（運輸監理部長を含む。）」と、前条第1項第1号中「労働基準法（昭和22年法律第49号）第24条第2項本文の賃金又は当該退職に係る」とあるのは「船員法第53条第2項の給料その他の報酬又は当該退職前の労働に対する割増手当若しくは歩合金若しくは当該退職に係る補償休日手当若しくは」と、同条第2項中「労働基準法第24条第2項本文の賃金及び基準退職日にした退職に係る」とあるのは「船員法第53条第2項の給料その他の報酬並びに基準退職日以前の労働に対する割増手当及び歩合金並びに基準退職日にした退職に係る補償休日手当及び」とする。

（昭和51年 6 月28日労働省令第26号）

第 1 章　貯蓄金及び賃金に係る保全措置等〈略〉

第 2 章　未払賃金の立替払事業

（事業活動に係る期間）

第 7 条　法第 7 条の厚生労働省令で定める期間は、1 年とする。

（事業活動等の状態）

第 8 条　令第 2 条第 1 項第 4 号の厚生労働省令で定める状態は、事業活動が停止し、再開する見込みがなく、かつ、賃金支払能力がないこととする。

（認定の申請）

第 9 条　令第 2 条第 1 項第 4 号の労働基準監督署長の認定（以下「認定」という。）は、事業主（法第 7 条の事業主をいう。以下同じ。）が前条に規定する状態に該当することとなつた場合（当該認定の基礎となる事実と同一の事実に基づき、当該事業主が破産手続開始の決定を受け、又は同項第 1 号から第 3 号までに掲げる事由のいずれかに該当することとなつた場合を除く。）に、行うものとする。

2　認定を申請しようとする者は、次に掲げる事項を記載した申請書を、当該申請に係る事業主の事業（法第 7 条の事業をいう。以下同じ。）からの退職の日においてその者が使用されていた事業場の所在地を管轄する労働基準監督署長を経由して、当該事業主の住所地を管轄する労働基準監督署長に提出しなければならない。

一　申請者の氏名及び住所

二　事業主の氏名又は名称及び住所

三　事業場の名称及び所在地

四　退職の日

五　事業主の事業活動の停止の状況及び再開の見込み並びに賃金支払能力に関する事項

3　前項の申請書には、同項第 5 号に掲げる事項を明らかにすることができる資料を添付しなければならない。ただし、前項の事業場の所在地を管轄する労働基準監督署長がやむを得ない事情があると認める場合には、この限りでない。

4　第 2 項の申請書の提出は、退職の日の翌日から起算して 6 月以内に行わなければならない。

（中小企業事業主の判定時）

第10条　令第 2 条第 2 項の厚生労働省令で定める時は、事業活動に著しい支障を生

ずるに至つた時のおおむね6月前の時とする。

（認定の通知）

第11条　労働基準監督署長は、認定に関する処分を行つたときは、遅滞なく、その内容を明らかにした通知書を申請者に交付しなければならない。

（確認を必要とする者）

第12条　法第7条の厚生労働省令で定める者は、次のとおりとする。

一　破産手続開始の決定を受け、又は令第2条第1項第1号から第3号までに掲げる事由のいずれかに該当することとなつた事業主（同項第4号に掲げる事由に該当した日以後、当該破産手続開始の決定を受け、又は同項第1号から第3号までに掲げる事由のいずれかに該当することとなつた事業主を除く。）の事業を退職した者であつて、次に掲げる事項について、裁判所の証明書又は当該事業主について破産手続開始の決定があつた場合にあつては破産管財人、特別清算開始の命令があつた場合にあつては清算人、再生手続開始の決定があつた場合にあつては再生債務者等、更生手続開始の決定があつた場合にあつては管財人の証明書（以下「裁判所等の証明書」という。）の交付を受けることができなかつたもの

イ　破産手続開始の決定又は令第2条第1項第1号から第3号までに掲げる事由（以下この号において「立替払の事由」という。）のうち当該事業主が該当することとなつた事由（当該事由の基礎となつた事実と同一の事実に基づき2以上の立替払の事由に該当することとなつた場合には、最初に該当することとなつた事由）及び当該事業主が当該事由に該当することとなつた日

ロ　令第3条第1号に掲げる日

ハ　当該事業主が1年以上の期間にわたつて当該事業を行つていたことの事実

ニ　令第4条第1項第1号に規定する基準退職日（以下「基準退職日」という。）（更生手続開始の決定があつた事業主の事業から退職した者にあつては、基準退職日及び当該退職の事由）

ホ　基準退職日における当該退職した者の年齢

ヘ　令第4条第2項に規定する支払期日後まだ支払われていない賃金について、労働基準法（昭和22年法律第49号）第24条第2項本文の賃金及び基準退職日にした退職に係る退職手当ごとの支払期日並びに当該支払期日ごとの支払われるべき額

二　令第2条第1項第4号に掲げる事由に該当することとなつた事業主の事業を退職した者

（確認を必要とする事項）

第13条　法第7条の労働基準監督署長の確認（以下「確認」という。）を受けるべき事項は、次の各号に掲げる者の区分に応じ、それぞれ当該各号に定める事項と

する。

一　前条第1号に掲げる者　同号イからへまでに掲げる事項のうち裁判所等の証明書の交付を受けることができなかつた事項

二　前条第2号に掲げる者　当該事業主について認定があつた日、令第3条第2号に掲げる日及び前条第1号ハからへまでに掲げる事項

（確認の申請）

第14条　確認を受けようとする者は、次に掲げる事項を記載した申請書を、その者が基準退職日において使用されていた事業場の所在地を管轄する労働基準監督署長（以下「所轄労働基準監督署長」という。）に提出しなければならない。

一　申請者の氏名及び住所

二　事業主の氏名又は名称及び住所

三　事業場の名称及び所在地

四　確認を受けようとする事項

2　前項の申請書には、同項第4号に掲げる事項を証明することができる資料を添付しなければならない。ただし、所轄労働基準監督署長がやむを得ない事情があると認める場合には、この限りでない。

（確認の通知）

第15条　所轄労働基準監督署長は、確認に関する処分を行つたときは、遅滞なく、その内容を明らかにした通知書を申請者に交付しなければならない。

（不相当に高額な部分の額）

第16条　令第4条第2項の厚生労働省令で定める額は、事業主が通常支払つていた賃金（労働基準法第24条第2項本文の賃金及び退職手当に限る。）の額、当該事業主と同種の事業を営む事業主でその事業規模が類似のものが支払つている当該賃金の額等に照らし、不当に高額であると認められる額とする。

（立替払賃金の請求）

第17条　法第7条の請求をしようとする者は、次に掲げる事項を記載した請求書を独立行政法人労働者健康安全機構に提出しなければならない。

一　請求者の氏名及び住所

二　事業主の氏名又は名称及び住所

三　事業場の名称及び所在地

四　第12条第1号に規定する事業主の事業を退職した者にあつては、同号イからへまでに掲げる事項

五　第12条第2号に掲げる者にあつては、事業主について認定があつた日、令第3条第2号に掲げる日及び第12条第1号ハからへまでに掲げる事項

六　令第4条の規定により算定した弁済を受けることができる額

七　厚生労働大臣が指定する金融機関の預金又は貯金への振込みの方法によつて、法第7条の未払賃金に係る債務につき同条の規定により弁済を受ける立替払賃金（次条において「立替払賃金」という。）の払渡しを受けようとする者にあつては、当該払渡しを受けることを希望する金融機関の名称及び当該払渡しに係る預金通帳又は貯金通帳の記号番号

2　前項の請求書には、同項第四号に掲げる事項を証明する裁判所等の証明書若しくは第15条の通知書又は同項第五号に掲げる事項を証明する同条の通知書を添付しなければならない。

3　第1項の請求書の提出は、第12条第1号に規定する事業主の事業を退職した者にあつては同号イに規定する日の翌日から起算して2年以内に、同条第2号に掲げる者にあつては事業主について認定があつた日の翌日から起算して2年以内に行わなければならない。

（立替払賃金の支給に関する処分の通知）

第18条　独立行政法人労働者健康安全機構は、立替払賃金の支給に関する処分を行つたときは、遅滞なく、その内容を明らかにした通知書を請求者に交付しなければならない。

（返還等）

第19条　法第8条第1項又は第2項の規定による返還又は納付の命令は、事業場の所在地を管轄する都道府県労働局長が行うものとする。

2　法第8条第1項又は第2項の規定により返還又は納付を命ぜられた金額の返還又は納付は、日本銀行（本店、支店、代理店及び歳入代理店をいう。）又は都道府県労働局若しくは労働基準監督署に行わなければならない。

第20条　法第8条第4項の規定による命令は、事業場の所在地を管轄する都道府県労働局長又は所轄労働基準監督署長が文書により行うものとする。

【資料17】 労働者災害補償保険法（抄）

(昭和22年4月7日法律第50号)

第1章 総則

第1条 労働者災害補償保険は、業務上の事由、事業主が同一人でない2以上の事業に使用される労働者（以下、「複数事業労働者」という。）の2以上の事業の業務を要因とする事由又は通勤による労働者の負傷、疾病、障害、死亡等に対して迅速かつ公正な保護をするため、必要な保険給付を行い、あわせて、業務上の事由、複数事業労働者の2以上の事業を要因とする事由又は通勤により負傷し、又は疾病にかかつた労働者の社会復帰の促進、当該労働者及びその遺族の援護、労働者の安全及び衛生の確保等を図り、もつて労働者の福祉の増進に寄与することを目的とする。

第2条 労働者災害補償保険は、政府が、これを管掌する。

第2条の2 労働者災害補償保険は、第1条の目的を達成するため、業務上の事由、複数事業労働者の2以上の事業の業務を要因とする事由又は通勤による労働者の負傷、疾病、障害、死亡等に関して保険給付を行うほか、社会復帰促進等事業を行うことができる。

第3条 この法律においては、労働者を使用する事業を適用事業とする。

2 前項の規定にかかわらず、国の直営事業及び官公署の事業（労働基準法（昭和22年法律第49号）別表第一に掲げる事業を除く。）については、この法律は、適用しない。

第4条～第28条 〈略〉

第3章の2 社会復帰促進等事業

第29条 政府は、この保険の適用事業に係る労働者及びその遺族について、社会復帰促進等事業として、次の事業を行うことができる。

一～二 〈略〉

三 業務災害の防止に関する活動に対する援助、健康診断に関する施設の設置及び運営その他労働者の安全及び衛生の確保、保険給付の適切な実施の確保並びに賃金の支払の確保を図るために必要な事業

2 前項各号に掲げる事業の実施に関して必要な基準は、厚生労働省令で定める。

3 政府は、第1項の社会復帰促進等事業のうち、独立行政法人労働者健康安全機構法（平成14年法律第171号）第12条第1項に掲げるものを独立行政法人労働者健康安全機構に行わせるものとする。

【資料18】 独立行政法人労働者健康安全機構法（抄）

（平成14年12月13日法律第171号）

第1章　総則

（目的）

第1条　この法律は、独立行政法人労働者健康安全機構の名称、目的、業務の範囲等に関する事項を定めることを目的とする。

（名称）

第2条　この法律及び独立行政法人通則法（平成11年法律第103号。以下「通則法」という。）の定めるところにより設立される通則法第2条第1項に規定する独立行政法人の名称は、独立行政法人労働者健康安全機構とする。

（機構の目的）

第3条　独立行政法人労働者健康安全機構（以下「機構」という。）は、療養施設及び労働者の健康に関する業務を行う者に対して研修、情報の提供、相談その他の援助を行うための施設の設置及び運営等を行うことにより労働者の業務上の負傷又は疾病に関する療養の向上及び労働者の健康の保持増進に関する措置の適切かつ有効な実施を図るとともに、事業場における災害の予防に係る事項並びに労働者の健康の保持増進に係る事項及び職業性疾病の病因、診断、予防その他の職業性疾病に係る事項に関して臨床で得られた知見を活用しつつ、総合的な調査及び研究並びにその成果の普及を行うことにより、職場における労働者の安全及び健康の確保を図るほか、未払賃金の立替払事業等を行い、もって労働者の福祉の増進に寄与することを目的とする。

第3条の2〜第11条〈略〉

第3章　業務等

（業務の範囲）

第12条　機構は、第3条の目的を達成するため、次の業務を行う。

一〜五　〈略〉

六　賃金の支払の確保等に関する法律（昭和51年法律第34号）第3章に規定する事業（同法第8条に規定する業務を除く。）を実施すること。

七　〈略〉

八　前各号に掲げる業務に附帯する業務を行うこと。

〈以下略〉

第1章〜第3章〈略〉

第4章　未払賃金の立替払

（立替払の実施）

第37条　立替払を受けることができる者、立替払賃金の額、立替払賃金の請求手続その他立替払の実施に関し必要な事項は、賃金の支払の確保等に関する法律、賃金の支払の確保等に関する法律施行令（昭和51年政令第169号）及び賃金の支払の確保等に関する法律施行規則（昭和51年労働省令第26号）の定めるところによるほか、この章の定めるところによる。

第38条　削除

（立替払賃金の支給に関する処分）

第39条　機構は、賃金の支払の確保等に関する法律施行規則第17条第1項の請求書の提出を受けたときは、当該請求書に添付させた同規則第12条第1号の裁判所等の証明書又は同規則第15条の通知書により当該請求書を審査の上立替払賃金の支給に関する処分を行うものとする。

（弁済の充当）

第40条　立替払の充当の順位は、退職手当及び定期賃金（労働基準法（昭和22年法律第49号）第24条第2項本文の賃金をいう。以下この条において同じ。）の順序とする。この場合において、退職手当又は定期賃金に弁済期が異なるものがあるときは、それぞれ弁済期が到来した順序に従い充当するものとする。

（立替払賃金の支給に関する処分の通知）

第41条　機構は、立替払賃金の支給に関する処分を行ったときは、遅滞なく、別に定めるところによりその内容を明らかにした通知書を当該立替払を受けようとする者（以下この章において「請求者」という。）に交付するものとする。

（立替払の方法）

第42条　機構は、請求者が賃金の支払の確保等に関する法律施行規則第17条第1項第7号の者である場合には、当該請求者が希望する金融機関の預金又は貯金への振込みの方法により立替払を行うものとする。

2　機構は、請求者が賃金の支払の確保等に関する法律施行規則第17条第1項第7号の者以外の者である場合には、送金小切手の送付の方法により立替払を行うものとする。

（求償）

第43条　機構は、立替払を行ったときは、当該立替払賃金について、当該立替払を

受けた者に代位し、当該立替払に係る事業主に対して求償するものとする。

(管理事務の停止)

第44条 機構は、前条の規定による立替払賃金に係る債権（以下この章において「賃金債権」という。）であって求償後相当の期間を経過してもなお支払われていないものについては、次の各号に掲げるいずれかの事由に該当するときは、以後保全及び取立てに関する事務を行うことを要しないものとして整理することができる。

⑴ 事業主が賃金の支払の確保等に関する法律施行令第2条第1項第4号に掲げる事由に該当していること。

⑵ 事業主の所在が不明であること。

⑶ 賃金債権の額が取立てに要する費用と比べて著しく低いと認められること。

2 機構は、前項の措置をとった後事情の変更等によりその措置を維持することが不適当となったことを知ったときは、直ちにその措置を取りやめるものとする。

(債権のみなし消滅による整理)

第45条 機構は、賃金債権については、次の各号に掲げるいずれかの事由が生じたときは、当該賃金債権の全部又は一部が消滅したものとみなして整理するものとする。

⑴ 当該賃金債権について消滅時効が完成し、かつ、事業主がその援用をする見込みがあること。

⑵ 法人である事業主の清算が結了したこと。

⑶ 事業主が死亡し、その債務について限定承認があった場合において弁済を受けることができる当該賃金債権の額が取立てに要する費用と比べて著しく低いと認められること。

⑷ 破産法（平成16年法律第75号）第253条、会社更生法（平成14年法律第154号）第204条その他の法令の規定により事業主が当該賃金債権につきその責任を免れたこと。

　　　　　（昭和22年 9 月 1 日法律第100号）

第 1 条　この法律において「船員」とは、日本船舶又は日本船舶以外の国土交通省
　令で定める船舶に乗り組む船長及び海員並びに予備船員をいう。

2　前項に規定する船舶には、次の船舶を含まない。

一　総トン数 5 トン未満の船舶

二　湖、川又は港のみを航行する船舶

三　政令の定める総トン数30トン未満の漁船

四　前 3 号に掲げるもののほか、船舶職員及び小型船舶操縦者法（昭和26年法律第
　149号）第 2 条第 4 項に規定する小型船舶であつて、スポーツ又はレクリエー
　ションの用に供するヨット、モーターボートその他のその航海の目的、期間及び
　態様、運航体制等からみて船員労働の特殊性が認められない船舶として国土交通
　省令の定めるもの

3　前項第 2 号の港の区域は、港則法（昭和23年法律第174号）に基づく港の区域
　の定めのあるものについては、その区域によるものとする。ただし、国土交通大
　臣は、政令で定めるところにより、特に港を指定し、これと異なる区域を定める
　ことができる。

第 2 条　この法律において「海員」とは、船内で使用される船長以外の乗組員で労
　働の対償として給料その他の報酬を支払われる者をいう。

2　この法律において「予備船員」とは、前条第 1 項に規定する船舶に乗り組むた
　め雇用されている者で船内で使用されていないものをいう。

【資料21】 未払賃金の立替払事業に係る船員の立替払賃金の請求の手続等に関する省令（抄）

（昭和51年6月30日厚生省令第27号）

（立替払賃金の請求）

第5条 法第16条の規定により読み替えて適用される法第7条の請求は、独立行政法人労働者健康安全機構（以下「機構」という。）に対して行うものとする。

2　前項の請求は、次に掲げる事項を記載した請求書を、請求をしようとする者の主たる労務管理の事務を行つていた事務所の所在地を管轄する地方運輸局（運輸監理部を含む。）に提出することによつて行わなければならない。

一～七（略）

3　前項の請求書には、船員に係る未払賃金の額の確認等に関する省令（昭和51年厚生省令・運輸省令第1号）第3条第1号に規定する裁判所等の証明書又は同令第6条の規定による確認の通知書を添付しなければならない。

4　第2項の請求書の提出は、同項第4号に規定する事業主の事業を退職した者にあつては同号イに規定する日の翌日から起算して2年以内に、同項第5号に掲げる者にあつては事業主について認定があつた日の翌日から起算して2年以内に行わなければならない。

（平成27年11月19日）（抜粋）

（抄）

未払賃金立替払事業に係る不正請求の防止及び審査の
迅速化等に関する検討会

検 討 結 果 報 告 書

（平成２７年１１月１９日）

○　検討会委員メンバー　　（◎は座長）

札幌弁護士会所属	弁護士	開	本	英	幸
青森県弁護士会所属	弁護士	石	岡	隆	司
埼玉弁護士会所属	弁護士	安	田	孝	一
東京弁護士会所属	弁護士	富	永	浩	明
愛知県弁護士会所属	弁護士	西	脇	明	典
◎　大阪弁護士会所属	弁護士	野	村	剛	司
香川県弁護士会所属	弁護士	籠	池	信	宏
福岡県弁護士会所属	弁護士	北古賀		康	博

※全文は日本弁護士連合会会員専用ページに掲載されています（Q11参照）。

目　　次

○未払賃金立替払に係る証明を行う破産管財人の基本的立場について

　未払賃金立替払の請求を行う者は、賃確法施行規則第17条の規定により、裁判所等の証明書若しくは労働基準監督署長の確認通知書を添付しなければならないと定められており、破産管財人の行う未払賃金立替払に係る証明は、裁判所及び労働基準監督署という行政機関と同等の効力を有するものであるといえる。

　このことは、破産管財人にどのようなことを求めているのであろうか。未払賃金立替払に係る証明を行う破産管財人の基本的立場を明確にした上で、具体的事案への議論を進めるために、以下の整理を行った。

賃金の支払の確保等に関する法律施行規則（昭和51年6月28日労働省令第26号）

（立替払賃金の請求）

（注）未払賃金立替払のこと

第17条　法第7条の請求(注)をしようとする者は、次に掲げる事項を記載した請求書を独立行政法人労働者健康福祉機構に提出しなければならない。

　　（　略　）

　四　第12条第1号に規定する事業主の事業を退職した者にあつては、同号イからへまでに掲げる事項

　　（　略　）

2　前項の請求書には、同項第4号に掲げる事項を証明する裁判所等の証明書若しくは第15条の通知書又は同項第5号に掲げる事項を証明する同条の通知書を添付しなければならない。

　　（　略　）

（確認を必要とする者）

第12条　法第7条の厚生労働省令で定める者は、次のとおりとする。

　一　破産手続開始の決定を受け、又は令第2条第1項第1号から第3号までに掲げる事由のいずれかに該当することとなつた事業主（同項第4号に掲げる事由に該当した日以後、当該破産手続開始の決定を受け、又は同項第1号から第3号までに掲げる事由のいずれかに該当することとなつた事業主を除く。）の事業を退職した者であつて、次に掲げる事項について、裁判所の証明書又は当該事業主について破産手続開始の決定があつた場合にあつては破産管財人、特別清算開始の命令があつた場合にあつては清算人、再生手続開始の決定があつた場合にあつては再生債務者等、更生手続開始の決定があつた場合にあつては管財人の証明書（以下「裁判所等の証明書」という。）の交付を受けることができなかつたもの

　　イ　破産手続開始の決定又は令第2条第1項第1号から第3号までに掲げる事由（以下この号において「立替払の事由」という。）のうち当該事業主が該当することとなつた事由（当該事由の基礎となつた事実と同一の事実に基づき2以上の立替払の事由に該当することとなつた場合には、最初に該当することとなつた事由）及び当該事業主が当該事由に該当することとなつた日

　　ロ　令第3条第1号に掲げる日

ハ　当該事業主が1年以上の期間にわたつて当該事業を行つていたことの事実
ニ　令第4条第1項第1号に規定する基準退職日（以下「基準退職日」という。）（更生手続開始の決定があつた事業主の事業から退職した者にあつては、基準退職日及び当該退職の事由）
ホ　基準退職日における当該退職した者の年齢
ヘ　令第4条第2項に規定する支払期日後まだ支払われていない賃金について、労働基準法（昭和22年法律第49号）第24条第2項本文の賃金及び基準退職日にした退職に係る退職手当ごとの支払期日並びに当該支払期日ごとの支払われるべき額
（　略　）

【確認された事項】

①　未払賃金の証明に関する破産管財人の権限と職責

　　未払賃金立替払に係る破産管財人の証明書は、裁判所の証明書及び労働基準監督署長の確認通知書と同列に置かれ、制度上同様の効力を有する書面であることから、破産管財人は、裁判所から選任された破産手続の機関として、未払賃金の存否及び額を調査した上で認定し、これを証明する権限と職責を担っている。

②　証明に当たっての事実認定

　　破産管財人の証明は、未払の定期賃金や退職金の請求権の存否及び額につき、事実認定を行うものである。

　　前述の不正受給事案は、実際には経済活動を行っていないペーパーカンパニーで、これをあたかも実在したかのように偽装したものであった。また、賃金台帳、労働者名簿、出勤・勤務記録等の労働関係の書類を偽造・改ざんして、未払賃金額や未払期間あるいは請求者数を水増しする事例も過去に見られた。

　　破産管財人としては、心証形成ができるだけの根拠資料を収集し、関係者から作成経緯を含めた説明を聴き、口座振込記録、所得税・社会保険・雇用保険等の納付記録などの客観的資料との確認を尽くし、自らの心証に基づき慎重に判断することが求められる。

③　機構との連携

　　破産管財人は、破産者や債権者とは利害関係のない中立公正な第三者として管財業務を行う者である。

　　しかし、その調査能力には限界もあり、一定の心証形成ができたとして証明を行うも、後日、機構から要件該当性の再調査を求められる場合がある。

　　機構は、公的資金を預かりその支出について決定する機関として、破産管財人が行った証明につき要件該当性の再確認を行っているのであって、機構からの疑義照会に対し、破産管財人としては、要件該当性を再度確認し、その根拠を示して要件に該当する旨の報告を行うとよい。

　　要件該当性に疑問がある場合には、証明前に機構に相談し、機構の見解も確認した上で破産管財人として判断することが望ましい。

④　客観的資料及び記録の収集・保管

　破産会社の代表者や経理担当者には、説明義務があることから、誠実に対応するよう説明し、客観的資料が乏しい場合にもできる限り残っている資料を収集し、労働者にも過去の支給実績の資料を求めるなどして、合理的な未払賃金額の証明を行うように努めるべきである。

　破産管財人として行ったこれら事実認定の根拠は、別途計算書や報告書に記載して機構に提出すると審査の迅速化に活かされる。

⑤　申立代理人に期待される役割

　本制度の円滑な利用を考えると、申立代理人としては、破産手続開始申立段階から、未払賃金立替払に係る証明に関するデータや資料（賃金台帳、就業規則、給与規程、退職金規程、労働者名簿、タイムカード、出勤簿、工事日報等）を確保して整理し、破産管財人に引き継ぐことが肝要である。

　ただし、その場合であっても、未払賃金立替払に係る証明は破産管財人の職責に基づいて行うものであるから、破産管財人には、十分な事実確認を行うことが求められる。

討議のまとめ

　破産管財人は、未払賃金立替払に係る証明権者であり、裁判所から選任された破産手続の機関として、その職責に基づき、中立公正な立場で未払賃金の存否及び額の把握に努め、残された客観的資料や関係者の説明に基づき、自らの心証によりその証明を行うべきである。

　関係者の説明のまま何らの事実調査、確認等を行うこともなく、漫然と証明に応じることは避けなければならない。

　また、不正請求が行われることがないようにすることへの留意も必要である。

●参考文献●

1 労働法関係

菅野和夫『労働法〔第12版〕』(弘文堂、2019年)

水町勇一郎『労働法〔第8版〕』(有斐閣、2020年)

水町勇一郎『詳解 労働法〔第2版〕』(東京大学出版会、2021年)

厚生労働省労働基準局編『平成22年版 労働基準法(上・下)』(労務行政、2011年)

厚生労働省労働基準局編『労働基準法解釈総覧〔改訂16版〕』(労働調査会、2021年)

厚生労働省労働基準局労災補償部労災管理課編『七訂新版労働者災害補償保険法』(労務行政、2008年)

労務行政研究所編『第2版 実務コンメンタール労働基準法・労働契約法』(労務行政、2020年)

2 未払賃金立替払制度関係

労働調査会出版局編『〔改訂2版〕未払賃金の立替払制度―早わかり―』(労働調査会、2006年)

五十畑明『賃金支払確保法の解説』(労務行政研究所、1996年)

労働省労働基準局賃金福祉部編著『賃金支払確保法の解説』(労務行政研究所、1977年)

3 倒産法関係

伊藤眞『破産法・民事再生法〔第4版〕』(有斐閣、2018年)

伊藤眞『会社更生法・特別清算法』(有斐閣、2020年)

野村剛司『倒産法を知ろう』(青林書院、2015年)

田原睦夫＝山本和彦監修、全国倒産処理弁護士ネットワーク編『注釈破産法(上・下)』(金融財政事情研究会、2015年)

才口千晴＝伊藤眞監修、全国倒産処理弁護士ネットワーク編『新注釈民事再生法〔第2版〕(上・下)』(金融財政事情研究会、2010年)

4 　倒産処理の実務書関係

永谷典雄＝谷口安史＝上拂大作＝菊池浩也編『破産・民事再生の実務〔第 4 版〕—破産編』（金融財政事情研究会、2020年）

川畑正文＝福田修久＝小松陽一郎編『破産管財手続の運用と書式〔第 3 版〕』（新日本法規出版、2019年）

木内道祥監修、全国倒産処理弁護士ネットワーク編『破産実務Q&A220問』（金融財政事情研究会、2019年）

野村剛司＝石川貴康＝新宅正人『破産管財実践マニュアル〔第 2 版〕』（青林書院、2013年）

野村剛司編著『法人破産申立て実践マニュアル〔第 2 版〕』（青林書院、2020年）

野村剛司編著『実践フォーラム 破産実務』（青林書院、2017年）

木内道祥監修、軸丸欣哉＝野村剛司＝木村真也＝山形康郎＝中西敏彰編著『民事再生実践マニュアル〔第 2 版〕』（青林書院、2019年）

5 　労働債権に関する倒産法改正提言関係

倒産法改正研究会編『提言 倒産法改正』（金融財政事情研究会、2012年）

東京弁護士会倒産法部編『倒産法改正展望』（商事法務、2012年）

倒産法改正研究会編『続・提言 倒産法改正』（金融財政事情研究会、2013年）

倒産法改正研究会編『続々・提言 倒産法改正』（金融財政事情研究会、2014年）

全国倒産処理弁護士ネットワーク編『倒産法改正150の検討課題』（金融財政事情研究会、2014年）

6 　金融法務事情の連載

吉田清弘＝野村剛司「破産管財人のための未払賃金立替払制度の実務」金融法務事情1949号60頁以下（第 1 回）、1950号90頁以下（第 2 回）、1951号94頁以下（第 3 回）、1952号104頁以下（第 4 回）、1954号88頁以下（第 5 回）、1955号72頁以下（第 6 回）、1956号66頁以下（第 7 回）、1957号74頁以下（第 8 回）

敦澤吉晴＝野村剛司「続・破産管財人のための未払賃金立替払制度の実務」金融法務事情1998号90頁以下（第 1 回）、2002号112頁（第 2 回）、2004号64頁以下（第 3 回）、2006号62頁以下（第 4 回）

第2版あとがき

　本書の初版から8年を超え、平成22年11月に日本弁護士連合会倒産法制等検討委員会で開催された機構との懇談会において初版の共著者吉田清弘氏と出会ってから約11年となりますが、この度第2版を発刊いただけることになりました。機構の名称が「労働者健康福祉機構」から「労働者健康安全機構」に変更された後、何とか改訂して最新化せねば、と思っておりました。素敵なタイミングというわけでもありませんが、押印廃止の流れから、令和3年4月に様式変更があり、改訂の機運が高まり、改訂が実現しました。

　最後に、「なのはな法律事務所」事務局の松尾奈穂美さん、中田真未さん、安部奈緒美さんには、細かいチェック作業とともに事務作業を担当する立場から有益な意見をいただきました。いつもありがとう。

　　　　　　　令和3年10月

　　　　　　　　　弁護士　野　村　剛　司

あとがき

　大阪弁護士会（近畿弁護士会連合会、全国倒産処理弁護士ネットワークとの共催）で第1回の研修会を開催したのが、平成23年3月11日の東日本大震災直後の夕方でした。私事で申し訳ないのですが、仙台の妻の実家とも連絡がとれない中、研修会開始前に、無事との1本のメールが届き、安堵して研修会に臨んだのを覚えています。あれから約2年と少し、このような形で未払賃金立替払制度の実務を網羅する本をまとめることができました。

　今回のきっかけは、不正受給事件の発覚ではありましたが、これまで具体的な案件ごとにやりとりのあった程度の労働者健康福祉機構産業保健・賃金援護部の方々とのコミュニケーションを図ることができ、共著者の吉田氏との出会いは、機構と主に破産管財人を担当する弁護士双方の立場にとって有意義なことであったと思います。

　私も、自らの経験に基づき、破産管財人の立場で未払賃金立替払制度の利用方法や機構の立替払後の求償への対応をまとめてきましたが（本文中に何度も引用した野村剛司ほか『破産管財実践マニュアル』（青林書院、2009年））、機構にはときどき問合せをする程度で、とくにコミュニケーションを図ってきたわけではありませんでした。

　また、これまで、破産管財人の立場からは、機構に対し、どうしても不満のほうが多かったと思われます。破産管財人としてここまで調査を尽くして未払賃金の証明を行ったにもかかわらず、どうしてこのような追加の調査依頼が届くのか、それに対してどの程度対応したらよいのか、わからないものをどうやって説明しろというのか、等々。

　ところが、この点、金融法務事情の連載の冒頭にも書きましたが（金法1949号60頁）、機構から、漫然と証明がなされているのではないか、証明の際の要件該当性の検討に不備があるのではないかといった疑問が呈されているように感じられました。

　どうしてそのような見方をされているのか最初は逆に疑問を感じましたが、様々な問題点を出してもらう中で、そうであれば、機構の審査はどのような点を確認し、重視しているのか、それをオープンにしてもらうことが適正化に繋がるのではないかと考え（不正受給を考える者に対し塩を送るのではないかとの懸念もあるとは思いますが、それを越えるメリットがあるはず

です）、研修会においては、見える化を重視しました。その例としては、機構における審査項目のリストアップをしてもらい、研修会の資料にしました（今回、チェックリストに発展しています）。

　そのようにして全国各地で研修会が開催される中で、破産管財人の証明とは何か、適切に証明業務を行えるようにするにはどうしたらよいかについて、認識を新たにすることが多くありました。研修会を重ねる中で、破産管財人の証明に対する機構からの不備や疑義の照会が格段に減少しているようであり、一定の成果を上げつつあります。

　未払賃金立替払制度は労働者のセーフティネットとしての社会政策的な制度ですが、破産手続においては、労働債権は様々な債権の中の１つにすぎず、財団債権と優先的破産債権として取り扱われますので、どうしても制度間の違いがあり、その架橋をするものが必要であると考えました。そこで、金融法務事情に連載させていただき、吉田氏には機構の立場から説明いただき、私が主に破産管財人の立場からコメントすることにより、未払賃金立替払制度と破産手続の架橋を図ることを試みました。そして、その延長線上にあるのが本書です（なお、立場の違いがありますので、各自の意見を書いたものとなっており、必ずしも共通した意見となっていないことにご留意ください）。機構の審査担当者は順次転勤で異動しますし、破産管財人や申立代理人は増え続けて行きます。メンバーが変わっていっても共通言語を残しておきたいとの思いがありました。

　また、この中では、これまで書くことに謙抑的だった点にも踏み込んで書きました（例えば、申立代理人の立場で、解雇予告手当を先に支給しようといった点です。研修会では口頭で説明してきましたが、あえて書くようにしました）。

　本書の意図するところをご理解いただいた上で、破産管財人には認識を新たにしていただき、さらに適切な証明業務を行えるよう願うものです。

　今回、労働基準監督署長の確認のルートが破産管財人の証明と同列であることがわかり、その関係を説明しましたが、くれぐれも誤解のないようにお願いしたいところです（破産管財人としては、面倒なことは避けたいという思いを抱きやすいところですが）。

　このように、全国各地で研修会を重ね、金融法務事情に連載させていただき、日弁連の会員向けｅラーニングにもしていただき、最終的に、本書をま

とめるに至りました。本書には、未払賃金立替払制度を利用するにあたり必要な情報が余すところなく掲載されています。これまでにも制度の紹介をするものはありましたが、ここまでのものは類書にないと思われます。破産管財人、申立代理人となる弁護士を始め、事務作業を担当する法律事務職員の皆さんには是非本書を利用していただきたいと思います。また、社会保険労務士や企業の人事・経理担当者、残念ながら勤務先が倒産し、賃金の支給を受けられなかった従業員の方々にとっても、この制度の利用を検討する際の一助となれば幸いです。

　最後に、改めて共著者の吉田清弘氏に感謝するとともに、研修会、連載、本書を通じお世話になった金融財政事情研究会の大塚昭之氏、平野正樹氏、そして、様々な示唆をいただいた全国各地の研修会の担当メンバーに御礼申し上げます。

平成25年4月
なのはな法律事務所
弁護士　野　村　剛　司

事項索引　　※数字はＱ番号を示す。

■ 著者略歴 ■

野村　剛司（のむら　つよし）

東北大学法学部卒業。平成10年（1998年）弁護士登録
（大阪弁護士会）。平成15年（2003年）なのはな法律事
務所開設。平成18年（2006年）から日本弁護士連合会
倒産法制等検討委員会委員。同年から全国倒産処理弁
護士ネットワーク理事、平成25年（2013年）から同常
務理事。『倒産法を知ろう』（単著、青林書院）、『破産
管財手続の運用と書式〔第3版〕』（共著、新日本法規出版）、『破産管財実
践マニュアル〔第2版〕』（共著、青林書院）、『法人破産申立て実践マニュ
アル〔第2版〕』（編著、青林書院）、『実践フォーラム　破産実務』（編著、
青林書院）、『民事再生実践マニュアル〔第2版〕』（共編著、青林書院）、
『破産実務Q＆A220問』（共編著、金融財政事情研究会）、『実践　経営者保
証ガイドライン』（編著、青林書院）など、著書、論文多数。

■ 協力 ■

独立行政法人労働者健康安全機構　賃金援護部審査課

未払賃金立替払制度実務ハンドブック　第2版

2021年11月22日　第2版第1刷発行
2013年4月24日　初　版第1刷発行

　著　者　野村　剛司
　協　力　独立行政法人労働者健康安全機構
　　　　　賃金援護部審査課
　発行者　加藤　一浩
　印刷所　三松堂印刷株式会社

〒160-8520　東京都新宿区南元町19
発　行　所　一般社団法人 金融財政事情研究会
　　　　　編集部　TEL 03(3355)1758　FAX 03(3357)3763
　企画・制作・販売　株式会社きんざい
　　　　　販売受付　TEL 03(3358)2891　FAX 03(3358)0037
　　　　　URL https://www.kinzai.jp/

ISBN978-4-322-13999-0